Manfred Heinzelmann

Mit Vollgas auf die Kanzel

Manfred Heinzelmann

Mit Vollgas auf die Kanzel

Die Geschichte eines lernfähigen Verkehrsrowdys

Brunnen Verlag · Basel und Gießen

ABCteam-Bücher erscheinen in folgenden Verlagen:

Aussaat Verlag Neukirchen-Vluyn
R. Brockhaus Verlag Wuppertal
Brunnen Verlag Basel und Gießen
Christliches Verlagshaus Stuttgart
Oncken Verlag Wuppertal und Kassel

Die Deutsche Bibliothek – CIP-Einheitsaufnahme
Heinzelmann, Manfred:
Mit Vollgas auf die Kanzel: die Geschichte eines lernfähigen Verkehrsrowdys / Manfred Heinzelmann. – Basel: Brunnen-Verl., 2001
ISBN 3-7655-3709-8

Die Bibelstellen wurden in der Regel der Luther-Bibel 1984 oder der «Hoffnung für alle» (1983) entnommen.

Umschlag: Michael Basler, Lörrach
Bild: Image Bank, Berlin
Satz: Bertschi & Messmer AG, Basel
Druck: Clausen & Bosse, Leck
Printed in Germany

ISBN 3-7655-3709-8

Inhalt

Vorwort

«Mit Vollgas auf die Kanzel» beschreibt mein Leben vom Verkehrsrowdy zum Prediger. Zur Veranschaulichung vergleiche ich mich mit einem verunglückten Auto und spreche von meinem «Blech-, Motor- und Rahmenschaden». Gemeint sind damit meine leiblichen, seelischen und geistlichen Gebrechen, über die ich möglichst offen berichten will.

Jesus Christus brachte meinem Leben die entscheidende Wende. Aber danach ging's nicht immer nur aufwärts. Im Gegenteil! Am meisten machten mir die vermasselten Fahrproben und der darauf folgende Bescheid des Führerschein-Entzugs zu schaffen. Völlig frustriert und enttäuscht vom Glauben machte ich mir bei Jesus Christus Luft. Wie der darauf reagierte, und was sonst noch passierte, ist – wie alles andere – kaum zu glauben, aber wahr.

Inzwischen bin ich 45 Jahre alt, verheiratet und Vater von vier Kindern. Leider muss ich bis zum heutigen Tag immer wieder einiges Geld bezahlen für meine zu hohe Geschwindigkeit im Straßenverkehr. Zur Zeit bin ich Prediger im Evangelischen Gemeinschaftsverband Siegerland-Wittgenstein und wohne in Bad Berleburg.

Viel Vergnügen beim Lesen!

Manfred Heinzelmann

1
Mein Blechschaden

In der Nacht zum 1. Mai 1956 sagte die Hebamme zu meiner Mutter und zu einer anderen Frau im Kreißsaal: «Eine von Ihnen bekommt zur Geburt des Kindes von der Stadtverwaltung fünfzig Mark! Das ist das Begrüßungsgeld für den 30'000sten Einwohner.» Kein geringes Startkapital damals! Aber leider nicht für mich. Die andere Frau bekam das Geld. Ich war zu schnell. So wurde ich als 29'999ster Einwohner in Schwenningen am Neckar geboren.

Als Säugling bekam ich eine gefährliche Darminfektion. Ich verlor fast mein ganzes Gewicht, und die Kinderärztin wusste keinen Rat. «Sie haben ja noch zwei Kinder. Das dritte werden Sie wieder hergeben müssen. Ich kann nichts mehr für Ihren Sohn tun», sagte sie zu meiner verzweifelten Mutter.

Meine Mutter betete für mich. Aber ich wurde nicht gesund. Als ich dann nach Tagen völlig abgemagert und regungslos im Bettchen lag, hatte meine Mutter keine Hoffnung mehr. Da kam ihre Freundin und tröstete sie: «Heute Morgen betete ich für Manfred. Plötzlich sah ich ihn in meinen Gedanken als großen, kräftigen Mann vor mir stehen. Dein Sohn wird nicht sterben.» Und tatsächlich – danach ging es aufwärts. Ich erholte mich von Tag zu Tag. Ein Wunder! Gott sei Dank!

Mit ungefähr sechs Jahren litt ich immer wieder unter unerklärlichen Magenkrämpfen. Unsere Hausärztin konnte mir nicht helfen. Ich lag zu Hause auf der Eckbank und krümmte mich vor Schmerzen. Meine Mutter war wieder einmal verzweifelt. Eines Tages, als es wieder so schlimm war, sagte sie:

«Jetzt bringe ich dich ins Krankenhaus.» Dann packte sie mich kurz entschlossen auf den Gepäckträger und fuhr mich mit dem Fahrrad dorthin. Ich hatte schreckliche Angst. Was werden sie mit mir machen? Wie lange werde ich dort alleine bleiben müssen? Meine Mutter war zu Hause nämlich unabkömmlich. Ich hatte noch zwei jüngere und zwei ältere Geschwister.

Während meine Mutter mit einem Arzt sprach, klammerte ich mich an sie und schrie heulend: «Ich will nicht hier bleiben!»

Eine Schwester brachte mich in ein Krankenzimmer und sagte: «Warte hier, deine Mutter kommt gleich wieder», aber das stimmte nicht. Es war ein übler Trick, um mich Schreihals loszuwerden. Nach einiger Zeit kam die Schwester und erklärte mir, dass ich zur Überwachung im Krankenzimmer bleiben müsse. Meine Mutter sei nach Hause gefahren. Ich war geschockt.

Am nächsten Tag besuchte sie mich und erklärte: «Es tut mir so Leid, Manfred. Sie haben mich gestern nicht mehr zu dir gelassen, weil du so ein Geschrei gemacht hast. Du musst einige Tage hier bleiben, bis sie die Ursache deiner Bauchschmerzen herausgefunden haben.»

«Ich habe keine Schmerzen mehr. Ich will nicht alleine hier sein. Bitte nimm mich mit nach Hause», bettelte ich.

«Das geht nicht, aber ich besuche dich jeden Tag», versprach meine Mutter. Und das tat sie dann auch.

Ich hatte tatsächlich keine Bauchschmerzen mehr, aber dafür schreckliches Heimweh. Nach einigen Tagen hielt ich es nicht mehr aus. Als mich meine Mutter wieder besuchte, boxte ich mir mit voller Kraft in den Bauch, um ihr zu beweisen, dass ich keine Schmerzen mehr hatte. Jetzt musste sie mich doch endlich mit nach Hause nehmen! Sie bat den behandelnden Arzt um die Entlassung, aber der ließ mich immer noch nicht gehen.

In der darauf folgenden Nacht hatte ich wieder fürchterliche Magenkrämpfe. Der Boxhieb zeigte seine Wirkung. Aber ich erzählte niemandem davon.

Jeden Tag hoffte ich darauf, dass meine Mutter mich mit nach Hause nahm. Und plötzlich war es so weit. Ich hatte mir im Krankenhaus noch eine starke Erkältung geholt, weil die Schwestern immer das Fenster offen ließen. «Der Junge bekommt noch eine Lungenentzündung», sagte meine Mutter und nahm mich gegen den Willen des Arztes auf eigene Verantwortung mit. Zu Hause erholte ich mich schnell, und die Magenkrämpfe kamen nicht wieder.

Meinen nächsten schweren «Blechschaden» erlebte ich ungefähr drei oder vier Jahre später. Ich war bei meinem Freund Hans, der im Reihenhaus neben uns wohnte. Stolz zeigte er mir seinen neuen Expander mit fünf Spannfedern. Natürlich begann jetzt das große Kräftemessen. Er schaffte drei Spannfedern. Ich hatte damit große Mühe, weil ich schwächer war.

Plötzlich hatte einer die Idee: «Zu zweit schaffen wir alle fünf. Komm, wir ziehen das Ding über den Tisch.» Und dann hängte Hans alle Spannfedern ein, und wir zogen jeder auf einer Seite den Expander über dem Küchentisch auseinander.

«Lass ja nicht los», mahnte Hans.

«Keine Angst, ich hab das Ding fest im Griff», antwortete ich selbstsicher und zog bis zum Anschlag. In diesem Moment rutschte Hans der Griff aus der Hand, und der Expander flog mit einer wahnsinnigen Schleuderkraft über meinen Kopf durch die Küche, traf mich dabei über dem linken Auge und hinterließ eine riesige Platzwunde. Geschockt, mit Blut überströmt und fast bewusstlos taumelte ich zu Boden. Von dem lauten Schlag aufgeschreckt, den der Expander bei seinem Flug gegen den

Küchenschrank verursachte, kam die Oma von Hans in die Küche gestürmt und leistete mir erste Hilfe.

Das Auge war sofort zugeschwollen, so dass ich damit nichts mehr sehen konnte. Auf dem Sofa liegend, fragte ich meine inzwischen verständigte Mutter: «Werde ich jetzt blind?»

«Das glaube ich nicht. Wir bringen dich gleich zum Arzt», so ihre tröstenden Worte. Und dann fuhr mich mein Onkel, der zufällig an diesem Nachmittag bei uns zu Besuch war, zum Kinderarzt. Dieser nähte mit großer Sorgfalt die Platzwunde und sagte: «Da hast du aber großes Glück gehabt. Wenn der Expander einen Zentimeter tiefer geflogen wäre, dann hättest du das Auge verloren.»

Meine Mutter wusste: Es war kein Glück, es war die göttliche Bewahrung. Und das glaubte auch ich.

Kinder haben einen besonderen Schutzengel. Das ist eine Volksweisheit, die stimmt. Einmal fuhr ich mit meinem Kinderfahrrad ohne Helm, dafür aber mit voller Geschwindigkeit aus Versehen eine Steintreppe hinunter. Trotz des gewaltigen Sturzes inklusive Überschlag überstand ich den Unfall ohne Knochenbrüche. Ich zog mir lediglich einige Schürfwunden zu.

Nach der Konfirmation kaufte ich mir ein Herrenfahrrad mit Drei-Gang-Nabenschaltung. Die Hälfte davon bezahlte mein Vater. Ich hütete das Rad wie ein Heiligtum, putzte und polierte es oft stundenlang. Eines Tages ärgerte mich ein ziemlich kräftiger Junge. Er war mir körperlich stark überlegen. Der so genannte und gefürchtete «Hucker» betätigte sich an meinem Fahrrad. «Hör' doch bitte auf damit», bat ich ihn zurückhaltend. Aber das reizte ihn erst recht. Er verdrehte die Leuchte, schraubte den Klingeldeckel ab ...

«Lass jetzt endlich die Finger weg von meinem Fahrrad, sonst ...»

«Sonst was?» grinste er und machte so weiter. Wutentbrannt warf ich mein Fahrrad zu Boden und stürzte mich auf ihn. Ein ungleicher Kampf begann. «Hucker» war gut einen Kopf größer und mindestens doppelt so schwer wie ich. Aber mit der Kraft der Verzweiflung haute ich ihm die «Hucke» voll. Ich hielt ihn im Schwitzkasten und boxte von unten immer wieder auf sein Gesicht. Dann griff sein Freund «Asser» ein und trennte mich von ihm wie ein Ringrichter. Danach ging der Kampf weiter. Aber der «Ringrichter» war parteiisch. Sobald ich im Kampf unterlag, hielt er sich natürlich vornehm zurück. Und einmal boxte er mir sogar voll auf meine spitze Nase.

Meine Wut steigerte sich. «Hucker» blutete stark. Wieder wurde der Kampf unterbrochen. Ein Freund kaufte für ihn im nahen Geschäft eine Packung Papiertaschentücher. Nach seiner Behandlung ging es auf Leben und Tod. Mir war jetzt alles egal. Mein Gesicht war von dem Kampf inzwischen blutig und aufgeschwollen. Ohne Deckung drosch ich auf «Hucker» ein, bis er schließlich aufgab.

Als ich nach Hause kam, war ich so entstellt, dass ich mich im Spiegel selbst kaum mehr erkannte. Entsetzt fragte meine Mutter: «Du liebe Zeit, was hast du denn gemacht?»

«Der Hucker hat mich geärgert. Aber dem hab ich's gegeben. Der sieht noch schlimmer aus», antwortete ich stolz.

Seit der Schlacht hatte ich Ruhe vor «Hucker». Wenn wir uns begegneten, machte er einen großen Bogen um mich. Meine vielen «Veilchen» verblühten langsam, und das Fahrrad brachte ich auch wieder in Ordnung.

Es gab einen weiteren Blechschaden: Seit der frühen Kindheit leide ich in gewissen Abständen unter unerträglichen Kopfschmerzen, ähnlich wie unser damaliger Nachbar. Die Ursache seiner Kopfschmerzen lag in einer Kriegsverletzung. Eines Tages machte er Schluss. Er hielt die Schmerzen nicht mehr aus und jagte sich eine Kugel durch den Kopf. Die Nachbarschaft war entsetzt, aber ich verstand diesen Mann. «Wenn es mit meinem Kopf nicht besser wird, dann mache ich das auch», so dachte ich damals.

Zum Blechschaden gehörten auch meine Minderwertigkeitskomplexe: Mir gefiel meine «Karosse» nicht. Am meisten Probleme machte mir meine spitze Nase, eine typische «Heinzelmann-Nase». Wie oft stand ich vor dem Spiegel und drückte an ihr herum! «So müsste sie sein, ja, genau so, dann sähe ich besser aus», seufzte ich. Aber immer wieder ging die Nase in die alte Stellung zurück. Ich dachte an eine Schönheitsoperation, aber die konnte ich mir natürlich noch nicht leisten. Was konnte ich also tun?

Plötzlich hatte ich die Idee mit der Wäscheklammer: «Wenn ich die Klammer über Nacht auf die Nase stecke, dann bleibt mein Riechorgan vielleicht in der gewünschten Stellung», hoffte ich und lag mit der Klammer im Bett bis Mitternacht. Aber dann hielt ich es nicht mehr aus. Die Klammer zwickte dermaßen, dass ich sie abnehmen musste. Was mein Bruder, mit dem ich das Zimmer teilte, dabei dachte, weiß ich nicht.

Der Vater meines Freundes war Boxer. Eines Tages besuchten wir das Training. Plötzlich erkannte ich meine Chance. «Was die Boxer zu viel haben, das habe ich zu wenig. Ich gehe so lange ins Training, bis meine Nase die richtige Form hat», sagte ich mir. Aber daraus wurde wieder nichts. Bereits nach dem ersten

Mal verging mir die Lust. Das Training war viel zu hart, und ich behielt meine spitze Nase.

Dazu kamen noch meine unmöglich lockigen Haare. Ich wollte doch viel lieber gerade, glatte Haare haben wie mein Klassenkamerad Matthias! Da war Ordnung drin, und der hatte Chancen bei den Mädchen. Was tun? Im Hallenbad gab es einen Föhn mit einer Superleistung von gut zweitausend Watt. Wenn ich dort meine Haare föhnte, dann gefielen sie mir danach am besten. Also, vor jeder Party oder vor anderen mir wichtigen Begegnungen ging ich noch schnell beim Hallenbad vorbei. Das Ergebnis sieht man auf dem unten stehenden Passbild.

Ja, mein Blechschaden machte mir schwer zu schaffen, und ich tat alles, um die «Karosse» irgendwie hinzubiegen und auszubeulen. Aber gefallen hat sie mir nie richtig.

Vermutlich haben viele Menschen mit ihrem Äußeren Schwierigkeiten. Ein Freund sagte mir einmal: «Wenn ich mich im Spiegel sehe, dann kotzt es mich an.» Es ist schwer, sich so anzunehmen, wie Gott einen geschaffen hat. Es ist auch nicht leicht, alt zu werden, wenn der Lack immer matter wird und das Blech rostet.

2
Mein Motorschaden

In diesem Kapitel geht es um meine Seele, den Motor des Lebens. Die Seele ist schwierig zu beschreiben. Man sieht sie nicht. Sie sitzt «unter der Motorhaube», verdeckt im Leib. Man kann die Seele in Verstand, Wille und Gefühl aufteilen. Vor allem in der Pubertät kam mein Lebensmotor schwer ins Stottern. Mein Verstand, mein Wille und meine Gefühle spielten mir etliche Streiche. Ich tat, was ich nicht wollte, und ich wollte, was ich nicht tat.

Um als Teenager etwas Geld zu verdienen, stellte ich wöchentlich über hundert Abonnenten illustrierte Zeitschriften zu. Einige weckten in mir bereits durch ihre Titelseiten und erst recht durch ihren Inhalt ein sehr starkes sexuelles Verlangen. Ich stillte es durch Selbstbefriedigung, die immer häufiger und unkontrollierter wurde. Danach fühlte ich mich meistens schlecht. Unzählige Male versuchte ich, davon loszukommen. «Ab heute nie wieder», so gelobte ich mir und schrieb's zur Erinnerung in meine Schranktüre. Doch ich schaffte es nicht.

In der Scheune unseres Nachbarn hausten ein paar wilde Katzen, die von einer Tierfreundin regelmäßig gefüttert wurden. Sie machten ihren Kot ins Heu. Der Nachbar besorgte sich eine Tellerfalle und beauftragte zwei meiner Freunde und mich, die Katzen zu fangen. Wir stellten die Falle vor ein Loch, durch das die Tiere vermutlich in die Scheune kamen. Als die Frau die Katzen zum Füttern rief, ging eine von ihnen in die Falle. Entsetzt von dem Schrei entdeckte die Frau die Falle und meldete den Vorfall beim Tierschutzbund. Dieser erstattete Anzeige gegen unseren Nachbarn. Damit er ungestraft aus der Affäre herauskam, nahmen wir die Sache reumütig auf unsere Kappe. Wir bekamen eine jugendrichterliche Ermahnung und mussten versprechen, dass wir so etwas nie wieder tun würden.

Dass wir dabei so ungeschoren davonkamen, war für mich ein Wunder. Ich hatte aus Angst dafür gebetet und Jesus versprochen, dass ich, wenn die Sache glimpflich abgehen würde, meinen beiden Freunden dann auf jeden Fall sagen wollte, dass *seine* Hand im Spiel gewesen war. Ich hielt mein Versprechen zwar, sagte es aber sehr zaghaft und weiß nicht, ob meine Freunde es verstanden haben.

In der achten Klasse der Realschule erreichte ich das Klassenziel nicht und blieb sitzen. Das war zu meiner Schulzeit noch das Schlimmste, was einem passieren konnte. Bis zuletzt hoffte ich auf die Versetzung ins nächste Schuljahr, aber es reichte nicht. Jetzt stand mein Lebensmotor fast still. Ich wollte nicht mehr weiterleben und spielte ernsthaft mit Selbstmordgedanken. Ich trauerte um meine Klassenkameraden, die ich jetzt alle verlassen musste, und fürchtete mich vor der neuen Schulklasse, in die ich gehen sollte. Die Schmach als «Sitzengebliebener» konnte ich einfach nicht ertragen.

Die Selbstmordrate bei Kindern ist zum Schuljahresende hin am höchsten. Ein achtjähriger Junge mit massiven Schulsorgen und etlichen anderen Problemen fragte mich einmal während eines Ferienzeltlagers, das ich als Prediger leitete: «Was geschieht mit einem Kind, das sich das Leben nimmt? Kommt es in den Himmel?» Der Junge sprach in der dritten Person, aber ich wusste, dass er sich damit selbst meinte. Nachdem ich ihn ernsthaft vor einem solchen Schritt gewarnt hatte, stellte er meiner Mitarbeiterin die gleiche Frage.

Wenn der Lebensmotor geschädigt ist, dann verlieren wir die Freude und die Kraft zum Leben, egal wie alt wir sind. Wahrscheinlich gibt es keinen Menschen, der noch nie Selbstmordgedanken hatte. Gott sei Dank, dass er es nicht immer zum Schlimmsten kommen lässt.

Ich hatte einen unstillbaren Drang nach Lebensfreude. Meine Freunde und ich zogen oft von einer Kneipe zur anderen. Aber nirgendwo fanden wir, was wir wirklich suchten. Mein Vater war Bäcker. Wenn er spät in der Nacht bzw. früh am Morgen zur Arbeit ging, kam ich gerade nach Hause. So konnte es sein, dass wir uns im Treppenhaus begegneten. Das war peinlich, weil ich meist auch nicht mehr ganz nüchtern war. Also warf ich zuerst einen Blick durch ein Luftloch in der Garagentür, während mein Freund mit dem Feuerzeug durch ein anderes Luftloch ins Garagen-Innere leuchtete. So konnte ich sehen, ob das Auto noch da war oder ob die Luft rein war und ich heimkommen konnte.

Weil Leib, Seele und Geist eine Einheit bilden, berichte ich in diesem Kapitel von drei weiteren «Blechschäden». Sie stehen alle in engem Zusammenhang mit dem Motor, der Seele meines Lebens.

Mit sechzehn Jahren besuchte ich wegen leichter Druckschmerzen links hinter dem Brustbein den Hausarzt. Nach der Röntgenaufnahme sagte er: «Bitte bringe deinen Vater oder deine Mutter mit, damit ich mit ihnen über die Diagnose sprechen kann.» Ich erschrak. Warum sagte er mir nicht, was mit mir los war?

Kurz darauf saß ich mit meiner Mutter ganz aufgeregt im Wartezimmer. Im Stillen betete ich: «Jesus Christus, hilf mir! Ich verspreche dir, wenn das nichts Schlimmes ist, dann will ich auch ein entschiedener Christ werden.» Dabei dachte ich an die jungen Christen vom Jugendbund für entschiedenes Christentum in Villingen-Schwenningen. Ich besuchte ab und zu ihre Veranstaltungen und bewunderte ihren Glauben.

«Frau Heinzelmann, ich muss Ihnen leider mitteilen, Ihr Sohn hat ein Loch in der linken Herzkammer. Es ist etwa so groß wie der Kopf einer Stecknadel. Das Loch muss operativ geschlossen werden, sonst kann Ihr Sohn mit dreißig Jahren keine Stufen mehr gehen», so die nüchterne Diagnose des Hausarztes.

«Aber woher kommt das denn? Hat er das schon von Geburt an?» fragte meine Mutter erschrocken.

«Wahrscheinlich. Ich überweise ihn zur Voruntersuchung für die Operation in die Uniklinik nach Tübingen.»

Ich war geschockt und hörte nur noch «Herzoperation». Dabei dachte ich an die erste Herztransplantation, die am 3. Dezember 1967 von dem südafrikanischen Chirurgen Christiaan Barnard durchgeführt worden war. Sein Patient hatte nur noch ungefähr ein Jahr mit dem fremden Herzen gelebt. Ich war also ein Todeskandidat. Das war das Schlimmste, was ich mir ausdenken konnte. Verzweifelt erneuerte ich immer wieder mein Versprechen: «Jesus Christus, ich will nicht krank sein und sterben. Wenn die Untersuchungen in Tübingen zu keiner Operation führen, dann gehe ich immer in den Jugendbund und werde ein entschiedener Christ.»

Mein Bruder studierte damals in Tübingen Medizin. Er begleitete mich den ganzen Tag. Zuerst nahmen sie mir eine Ampulle Blut ab. Dann folgten viele Untersuchungen. Ich sah mein Herz auf dem Monitor.

Am Abend war es dann soweit. Die Spannung stieg. Mein Bruder und der behandelnde Arzt zeigten mir die Röntgenbilder. «Wir haben alle Untersuchungen gemacht, aber nichts gefunden. Wir können die Diagnose des Hausarztes nicht bestätigen», war die erlösende Mitteilung.

«Du hast ein gutes Herz», tröstete mich mein Bruder. Da fiel mir aber ein Stein von der Seele. Ein Wunder! Und das Versprechen? Nun, erst mal blieb alles beim Alten, bis der Bericht aus Tübingen beim Hausarzt landete.

Der bestellte mich danach zur Blutuntersuchung mit folgender Mitteilung: «Die Untersuchungen in Tübingen waren bezüglich meiner Diagnose negativ, aber der Blutzucker ist viel zu hoch.»

Ich erschrak und dachte: «Zuckerkrank, das ist ja fast noch schlimmer als ein Loch im Herzen. Da hilft keine Operation. Alles, bloß das nicht.» Der Freund meines Bruders musste sich täglich zweimal spritzen, er durfte keinen Alkohol trinken und hatte noch manche andere Handicaps. Er war schwer zuckerkrank. Wieder erneuerte ich mein Versprechen: «Jesus Christus, wenn du mir noch einmal hilfst, dann will ich aber ...»

Ich erschien beim Hausarzt. Die Blutwerte waren in Ordnung. Ein zweites Wunder! Diesmal konnte ich es aber erklären. Bei der Blutuntersuchung in Tübingen dachten die Ärzte, ich sei nüchtern, aber vor lauter Aufregung lutschte ich vorher eine Packung Bonbons. Und was wurde jetzt aus dem Versprechen? Wieder nichts.

Einige Zeit später auf einer Geburtstagsparty sagte meine Freundin zu mir: «Du, Manfred, ich vermute, dass ich eine Lungentuberkulose habe. Immer wenn ich an der Zigarette ziehe, dann tut es mir in der Lunge weh.»

«Dann hör doch endlich auf zu rauchen», riet ich ihr.

«Ich fürchte, dafür ist es zu spät, mein Vater hatte auch TB!»

«Was, bist du sicher?» fragte ich erregt. Zu Hause las ich im Lexikon unter dem Stichwort «Lungentuberkulose»: «Schwere Lungenkrankheit mit tödlichen Folgen, sehr ansteckend, Seuche, Schwindsucht, Krankheitsverlauf: Vierzehn Tage nach der Infektion hohes Fieber, starker Husten mit Auswurf ...»

Genau vierzehn Tage später lag ich todkrank im Bett. Daneben stand ein Eimer für den Hustenauswurf. Es war schrecklich. Nach einiger Zeit konnte ich wieder aufstehen. Aber der Husten wurde immer schlimmer. Dagegen half nichts. Nicht einmal die bei Husten stets bewährten ekelhaften Hausmittel wie heißes Bier oder Zwiebelwasser sprachen an. Es war zum Verzweifeln. «Das ist TB. Carmen hat mich angesteckt», sagte ich mir.

Ein junges Mädchen aus der Nachbarschaft hatte TB. Sie war in Quarantäne. Der Krankheitsherd hatte sich verkapselt, aber er konnte jederzeit wieder aufbrechen. Sie durfte keinen Sport treiben, nicht zu viel Sonne genießen, keinen Alkohol trinken und auch vieles andere nicht mehr machen. Wenn ich auch auf all das verzichten müsste, was hätte ich dann noch vom Leben? Ich erinnerte mich an meine nicht eingelösten Versprechen gegenüber Jesus. Zum dritten Mal gelobte ich, ein entschiedener Christ zu werden, wenn Jesus mir die Gesundheit erhalten würde.

Nach zwei Monaten Husten mit nächtlichen Anfällen befahl meine Mutter: «Jetzt ist Schluss. Heute gehst du zum Arzt!» Ich hatte mich lange genug darum herumgedrückt. Nun führte kein Weg mehr daran vorbei. Ich schilderte der Ärztin meine Gebrechen. Sie nahm mir einen Tropfen Blut, legte ihn unter das Mikroskop, schaute auf eine Liste und sagte erschrocken: «Das ist TB!»

Ich wusste es! Was sollte es sonst sein? Diesmal half Jesus mir also nicht. Verständlich, wo ich mich doch niemals an meine Versprechen hielt. Aber es war eine sehr kurzlebige TB. Einige Sekunden später sagte nämlich die Ärztin: «Entschuldigung, ich habe mich auf der Liste versehen. Es ist nur der Keuchhusten!» Oh, das war ja noch einmal gut gegangen!

Danach erinnerte ich mich, dass ich als Säugling auf wundersame Weise vor dem Keuchhusten verschont geblieben war. Meine Mutter erzählte mir, dass meine beiden älteren Geschwister den Keuchhusten hatten und für mich eine lebensbedrohliche Gefahr darstellten. Eigentlich hätte ich zu ihnen keinen Kontakt haben dürfen. Aber wie sollte das gehen? Die beiden ließen sich nicht immer fern halten und husteten sogar in mein Bettchen. Aber sie steckten mich nicht an. Erst mit siebzehn Jahren bekam ich den Keuchhusten und damit noch eine weitere Gelegenheit, um meine Versprechen gegenüber Jesus einzulösen. Aber ich war immer noch nicht so weit.

3
Mein Rahmenschaden

Der Rahmenschaden ist der Totalschaden. Wenn der Rahmen bei einem Fahrzeug nach einem Unfall geschädigt ist, dann ist es schrottreif. Der Technische Überwachungsverein (TÜV) in Deutschland lässt ein Fahrzeug nicht mehr zum Straßenverkehr zu, wenn der Rahmen beschädigt ist. Der Rahmen darf nicht wieder zurechtgebogen werden. Das Fahrzeug ist nicht mehr verkehrssicher, weil es die Spur nicht halten kann.

So ähnlich war mein Leben. Ich kam immer mehr aus der richtigen Spur. Mein Leben wurde immer «rahmenloser», maßloser, ja gesetzloser. Ich missachtete zunehmend Gottes Gebote, die elterlichen Ratschläge und die Straßenverkehrsordnung.

Meine Beziehung zu Gott und zu meinen Eltern wurde immer schlechter. Obwohl ich bereits als Kind mit dem Glauben an Jesus Christus vertraut war, las ich kaum noch in der Bibel und betete nur sehr selten.

Weil ich mich mit meiner Mutter sowieso meistens stritt, beschloss ich, überhaupt nicht mehr mit ihr zu reden. Ich sagte nicht einmal mehr «Guten Tag» oder «Auf Wiedersehen». Ich schwieg eisern, eine ganze Woche lang. Das war hart für uns beide. Danach stritten wir vorübergehend weniger, aber bald war wieder alles beim Alten.

Einmal platzte meine Mutter in mein Zimmer. Meine Freundin stand «oben ohne» da. Ich hatte vergessen, die Türe abzuschließen. Nach diesem Vorfall redete mir mein Vater ins Gewissen und warnte mich vor den Folgen des vorehelichen Geschlechtsverkehrs. Es war ja Gott sei Dank noch nicht so weit gekommen, aber irgendwo und irgendwann hatten wir es schon vorgehabt.

Noch bevor ich den Führerschein machte, kaufte ich mir einen alten VW-Käfer für hundert Mark. «Mit dem lerne ich Auto fahren, dann brauche ich weniger Fahrstunden», erzählte ich meinen Freunden. Und dann machte ich mit zwei verschiedenen Nummernschildern mit dem Käfer einige Spritztouren. Meine damalige Freundin Carmen wohnte am anderen Ende von Villingen-Schwenningen. Risikofreudig, wie ich war, fuhr ich sie quer durch die Stadt und an der Polizeiwache vorbei nach Hause. Keiner merkte etwas. Im Winter preschte ich mit abgefahrenen Sommerreifen durch den Schwarzwald. Meine jugendlichen Fahrgäste waren begeistert. Wenn der Käfer von der Fahrbahn abkam, dann schoben wir ihn eben mit vereinten Kräften wieder aus dem Straßengraben.

Einmal, als ich alleine unterwegs war und im Schnee stecken blieb, half ich mir selbst heraus. Ich drehte das Standgas voll auf, legte den zweiten Gang ein und schob den Käfer mit aller Kraft aus dem Schnee.

Mein Vater war von dem Auto natürlich nicht begeistert. «Wenn da etwas passiert, komme ich um mein ganzes Haus», so schalt er mich. Bald darauf verschrottete ich das Gefährt. Aber die hundert Mark hatten sich gelohnt. Nach fünfeinhalb Fahrstunden mit seinem VW-Käfer sagte mein Fahrlehrer: «In der ersten Fahrstunde fuhren Sie am besten. Sie können die Prüfung machen.» Eine halbe Stunde fuhr ich dann gleich noch mit dem Motorrad. Beide Fahrprüfungen bestand ich glänzend.

Danach kaufte ich mir wieder einen alten VW-Käfer für sechzig Mark und meldete ihn ordnungsgemäß an. Kurz vor den Herbstferien kam die Rechnung von der Versicherung. Wie sollte ich die als Berufsschüler ohne Einkommen bezahlen? Ich brauchte unbedingt einen Ferienjob. Aber ich fand keinen. «Nach den Ferien können Sie bei uns arbeiten, da hört ein Ferienarbeiter auf», sagte man mir in einer Firma. Das war meine einzige Chance.

Nach den Herbstferien ging ich am Morgen kurz vor sieben Uhr zur Arbeit. «Wo gehst du denn schon so früh hin?» fragte mich meine erstaunte Mutter.

«Ach, wir müssen heute etwas früher kommen», log ich.

Aber am dritten Tag konnte ich es nicht mehr verheimlichen. In der Firma fragte mich der Meister verwundert: «Die Ferien sind doch vorbei, welche Schule besuchen Sie denn?»

«Bei uns ist das anders», antwortete ich ihm knapp. Dabei war mir ziemlich mulmig zumute. Ich dachte: «Wenn meine Klasse jetzt zufällig eine Betriebsbesichtigung bei der Firma macht und mich hier arbeiten sieht, dann wird's peinlich.»

Nach einer Woche hatte ich das Geld für die Versicherung verdient. Dann ging ich wieder in die Feintechnikerschule in Villingen-Schwenningen. Dort fragte außer meinem Werkstattlehrer, der auch Heinzelmann hieß, keiner nach meinem Fehlen. «Ich hatte Kopfschmerzen», entschuldigte ich mich. Was zum Teil auch stimmte. Damit gab er sich zufrieden.

Einmal fräste ich aus Versehen eine Mulde in den Tisch der Fräsmaschine. Ich hatte nicht den Mut, den Schaden beim Werkstattlehrer zu melden. Erst nach einigen Wochen entdeckte er die Mulde. «Dieser Schaden muss in den letzten Tagen passiert sein, da bin ich mir ganz sicher. Wer war das?» fragte er unsere Klasse. Keiner meldete sich. Doch das war nicht in seinem Sinne. «Ich gebe euch drei Tage. Der, der's war, soll sich bei mir melden», so lautete sein letztes Wort dazu.

«Der täuscht sich aber gewaltig», dachte ich. «Der Schaden ist doch schon alt.»

Weil sich keiner bei ihm meldete, sollten wir nach der Frist folgende Erklärung unterschreiben: «Ich habe den Schaden an der Fräsmaschine nicht verursacht, und ich weiß auch nicht, wer es war.» Jetzt kam ich in Bedrängnis. Alle Klassenkameraden hatten unterschrieben. Mein Gewissen meldete sich heftig. Ich hatte plötzlich große Skrupel, schriftlich zu lügen. *Einen* Ausweg sah ich allerdings noch. Ich dachte: «Wenn ich nicht unterschreibe, heißt das nicht unbedingt, dass ich der Verursacher bin. Es kann auch bedeuten, dass ich den Übeltäter kenne und ihn nicht verraten möchte.» Und genau das dachte dann mein Werkstattlehrer. Er sprach mit mir unter vier Augen über den Fall. Ich sagte ihm, dass ich die Erklärung so nicht unterschreiben könne. Und dass er sich getäuscht hätte, der Schaden sei bereits vor einigen Wochen passiert.

«Wenn du mir sagst, wer es war, werde ich darüber schweigen, und die Sache ist erledigt», versprach er mir.

«Ich war's!» lautete mein kurzes Geständnis. Danach entschuldigte er sich bei der Klasse und sagte, dass er sich getäuscht hätte. Der Schaden sei schon älter, als er angenommen hatte. Die Klasse raunte, aber ich war tief beeindruckt. Er hielt sich an sein Versprechen und nahm die Sache auf sich. Erst später erfuhr ich, dass er auch zur Evangelisch-methodistischen Kirche gehörte und an Jesus Christus glaubte.

Als Verkehrsrowdy fiel ich mit achtzehn Jahren völlig aus dem Rahmen der Straßenverkehrsordnung. Innerhalb von sieben Monaten sammelte ich siebzehn Strafpunkte im Flensburger Verkehrszentralregister. Die strafbaren Handlungen waren: Abkommen von der Fahrbahn infolge Nichtanpassens der

Geschwindigkeit an die Straßen- und Sichtverhältnisse (ein Strafpunkt), Verkehrsunfallflucht (sieben Strafpunkte), Führen eines Fahrzeugs mit erloschener Betriebserlaubnis (drei Strafpunkte) und Führen eines nicht versicherten Kraftfahrzeugs (sechs Strafpunkte).

Die ersten beiden Delikte geschahen in einer regnerischen Nacht. Meine zwei Freunde und ich fuhren von der Disko nach Hause. Auf dem Weg wollten wir noch einen Freund in Zimmern bei Rottweil besuchen. Wir fanden nicht gleich die richtige Straße, und ich musste wenden. Dabei streifte ich mit dem Kotflügel ein entgegenkommendes Fahrzeug. «Mach das Licht aus, und hau ab! Wenn der die Polizei holt, bist du den Führerschein los», riet mir ein Freund. Gesagt, getan, denn ich hatte zuvor etwas getrunken.

Jetzt ging es mit Vollgas auf und davon. Außerhalb der Ortschaft schaltete ich immer wieder kurz das Licht an und gleich wieder aus. «Der verfolgt uns. Da hinten kommt einer! Gib Gas!», so hetzten mich die Freunde, bis es uns einmal um die eigene Achse drehte und links in den Straßengraben schleuderte. Unverletzt verließen wir das Fahrzeug und erkundeten die Lage. Es war uns keiner gefolgt, aber der linke hintere Kotflügel fehlte. Den hatten wir bei der Kollision in Zimmern verloren. Er diente jetzt dem anderen Beteiligten als Beweisstück.

Mit vereinten Kräften versuchten wir den Käfer aus dem Graben zu schieben, aber vergeblich. Achsschenkelbolzenbruch am linken Vorderrad! Da war nichts mehr zu machen. Also entfernten wir die Kennzeichen, nahmen die Wertsachen aus dem Auto und ließen uns von der Schwester meines Freundes abholen.

Als wir am nächsten Morgen, einem Sonntag, den Wagen mit dem Traktor meines Nachbarn abschleppen wollten, war er nicht mehr da. Ich ahnte, wo er stand – im Hof der Polizeiwache in Rottweil. «Wir wollen nur meinen Wagen abholen, ich bin damit gestern Abend von der Fahrbahn abgekommen», meldete ich mich an der Pforte.

Aber so einfach war das nicht. Jetzt begann ein Verhör. «Da war doch noch etwas, bevor Sie in den Straßengraben fuhren», bemerkte der Beamte.

«So, mir ist nichts bewusst», antwortete ich.

Dann zeigte er mir das Beweisstück: «Und was ist mit dem Kotflügel? Wo haben Sie den verloren?»

«Beim Wenden in Zimmern, da gab es mal ein komisches Geräusch. Kann sein, dass ich einen Laternenmast gestreift habe, und dabei ist es passiert.»

Empört schrie der Polizist: «Wenn ich mir die Spur kurz vor Ihrer Fahrt in den Straßengraben ansehe, dann wäre es besser, Sie wären etwas weiter nach links oder nach rechts geschleudert, dann könnten Sie jetzt nicht mehr lügen!»

Mir war klar, was er damit meinte. Ungefähr zwei Meter weiter rechts von der Schleuderspur geht es in den Abgrund eines Steinbruchs, und einen Meter weiter links steht ein dicker Betonmast. Wir waren haarscharf am Tod vorbeigefahren. Während der nächtlichen Fluchtfahrt hatte ich diese Gefahren nicht gesehen. Es war allein Gottes bewahrende Hand gewesen, die uns beschützt und den Wagen in den sicheren Graben geführt hatte.

Danach gestand ich reumütig die Tat, und ein Gerichtsverfahren wurde eingeleitet. Wir durften das Auto und den verlorenen Kotflügel mitnehmen. Am nächsten Tag machten wir es wieder fahrtüchtig.

Zur Verbreiterung der Spur montierte ich zwischen die Hinterräder Distanzscheiben aus Aluminium. Aber weil sie nicht in der Betriebserlaubnis eingetragen waren, erlosch diese bei einer Polizeikontrolle. Die Folge waren drei Strafpunkte und eine satte Geldbuße. Und noch vor der Gerichtsverhandlung wegen der Verkehrsunfallflucht kassierte ich sechs weitere Punkte.

Es war an einem wunderschönen Samstagnachmittag. Mein geliebter Käfer war nicht mehr verkehrstüchtig. Darum stand er abgemeldet auf dem landwirtschaftlichen Gelände meines Nachbarn. Kurz vor der Verschrottung wollte ich noch ein Experiment machen. Ich montierte die Räder mit der Innenseite nach außen. Das brachte eine Spurverbreiterung von etwa vierzig Zentimetern. Die Reifen ragten zur Hälfte über die Kotflügel hinaus. Das sah echt stark aus.

Nun reizte es mich natürlich, damit auch zu fahren. Ich wollte nur vom landwirtschaftlichen Gelände nach Hause fahren, das waren höchstens tausend Meter. Dabei wollte ich auch gleich die vier guten Autoreifen in unsere Garage befördern. «Pack die Reifen in meinen Kofferraum, fahr nicht mit dem Auto», rief der Hobbylandwirt noch.

«Kein Problem, da passiert nichts», antwortete ich und packte je einen Reifen hinter den Fahrer- und den Beifahrersitz, dazu einen auf den Rücksitz und einen in den Kofferraum unter die Fronthaube. Und dann ging's los. Es war ein Fahrgefühl wie in einem Formel-1-Boliden.

Nachdem ich den Feldweg hinter mir hatte, bog ich ins Wohngebiet ein. Da standen ein paar Jugendliche – entfernte Nachbarn. Die trauten ihren Augen nicht, als sie mein Gefährt sahen.

«Denen zeige ich mal, wie man damit in die Kurve gehen kann. Da vorne, die Rechtskurve, die nehme ich mit Vollgas», dachte ich. Aber plötzlich sprang durch die Fliehkraft die

Fahrertür auf. Sie war nicht richtig geschlossen, weil hinter dem Sitz ein Reifen stand. Blitzschnell griff ich mit der linken Hand nach der Tür und versuchte mit der Rechten zu lenken, aber vergeblich. Es ging zu schwer. Die breite Spur! Ich knallte gegen den Bordstein und gegen ein Verkehrsschild. «So ein Mist!» fluchte ich.

Schon wieder ein Achsschenkelbolzenbruch! Das linke Vorderrad hing nur noch am Lenkgestänge. «Das darf doch nicht wahr sein. Was mach ich jetzt?» fragte ich mich verzweifelt.

Gaffend standen die Leute herum. Ich dachte: «Dass bloß niemand die Polizei verständigt, sonst ist es aus.» Die Rettung, mein Nachbar, der Hobbylandwirt, kam angefahren. «Herr Biber, bitte helfen Sie mir. Holen Sie Ihren Traktor, und schleppen Sie mich ab. Ich muss schnell weg hier», flehte ich ihn an.

«Ich habe dir gesagt, du sollst nicht mit dem Auto fahren. Ich werde jetzt zuerst Mittag essen.»

«Danach ist es zu spät, so lange kann ich nicht warten», das war mir klar.

Mit einem Kräfteschub der Verzweiflung hob ich den Käfer vorne links hoch und stellte zwei Reifen darunter. Herumstehende Kinder bat ich, mir schnell von irgendwoher ein Seil und einen Besenstiel zu besorgen. Die Kinder brachten mir sofort, was ich brauchte. Und dann band ich mit dem Seil das Rad an die Achse und entfernte die Reifen darunter. Die Konstruktion schien zu tragen. Das Rad hing zwar ziemlich schief, aber das Fahrzeug schien fahrtüchtig zu sein.

Den Besenstiel brauchte ich für das abgeknickte Verkehrsschild. Ich steckte ihn einfach in das Loch und stülpte das Schild «Vorfahrt gewähren» darüber. So stand es wieder aufrecht und war für die Verkehrsteilnehmer sichtbar. Aber leider wackelte es wie ein Kuhschwanz und drehte sich in jede Richtung. Das war mir dann doch zu gefährlich, und so legte ich es lieber beiseite.

Jetzt kam das Entscheidende. Ich setzte mich vorsichtig hinter das Steuerrad, startete den Motor und fuhr ganz langsam rückwärts.

Die Gaffer trauten ihren Augen nicht. So etwas hatten sie noch nie gesehen. Das linke Vorderrad drehte sich mit einer Neigung von fünfundvierzig Grad zum Boden. Gleich hatte ich es geschafft. Es waren ja nur etwa fünfhundert Meter bis zum sicheren landwirtschaftlichen Gelände. So lange müsste das Seil doch halten! Es hielt auch, sogar noch viel länger. Später wurde der Käfer damit noch auf den fünfzehn Kilometer entfernten Schrottplatz geschleppt. Aber was anderes passierte auch noch: Gerade als ich mich umsah, kam zufällig die Polizei vorbei. Sie fuhren Streife; niemand hatte sie gerufen. Sie wären auch fast vorbeigefahren, aber im letzten Moment erkannte mich der Polizist, der ein paar Tage zuvor meinen Wagen aus dem Verkehr gezogen hatte.

Sie fuhren zurück, und ich hatte das Nachsehen. «Oh, Heinzelmann, das wird teuer. Kommen Sie morgen auf die Wache, wir haben jetzt keine Zeit», so sein Kommentar.

«Das gibt's doch nicht, das darf doch nicht wahr sein», jammerte ich. «Warum musste gerade *er* jetzt hier vorbeikommen?» Heute weiß ich es. Jesus Christus hatte es zugelassen. Die Zeit als Verkehrsrowdy musste ein Ende finden.

Drei Wochen später war die Gerichtsverhandlung wegen der Verkehrsunfallflucht. Dabei lernten wir den Geschädigten kennen. Es war ein freundlicher Landwirt. Er sagte: «Ihr hättet doch nicht flüchten brauchen, ich hätte die Polizei nicht verständigt.»

Der Mann ahnte wohl den Grund meiner Unfallflucht. Aber auch der Richter hatte Lunte gerochen. Als er mich nach meinem Alkoholkonsum an jenem Abend fragte, drückte ich mich vor einer klaren Antwort. Dann fragte er einen meiner Mitfahrer. Dieser log für mich und sagte: «Ein Glas Bier, mehr nicht!» Ein Jahr später, nach meiner Lebenswende, erzählte ich dem Kumpel von Jesus Christus, aber leider zeigte er dafür wenig Interesse. Kurz darauf verunglückte er tödlich mit seinem Moped. Das nahm mich damals sehr mit.

Das Urteil meiner Gerichtsverhandlung war verhältnismäßig mild. Ich bekam nicht einmal den Führerschein entzogen. Ich musste aber noch einige Fahrstunden nachholen. Dazu kamen sieben Punkte in Flensburg und DM 250,– Geldstrafe! Jetzt hatte ich also insgesamt siebzehn Strafpunkte. Dafür wurde das Ablegen einer theoretischen Prüfung sowie einer Fahrprobe beim TÜV in Freiburg angeordnet. Aber das dicke Ende kam zuletzt. Die Versicherung zahlte den Schaden des Geschädigten, forderte danach aber das Geld von mir zurück, weil ich Fahrerflucht begangen hatte.

Wie sollte ich tausend Mark bezahlen? Ich missachtete alle Mahnungen – bis zum Zahlungsbefehl. Dank der Unterstützung meines Vaters und des großen Bruders konnte ich dann das Geld überweisen. Aber danach kam doch der Gerichtsvollzieher, weil die Überweisung nicht sofort registriert wurde.

Mein Freund Ede hatte neben seinem VW-Käfer einen alten Porsche. Der war nicht zum Straßenverkehr zugelassen. Eines Nachts fuhren wir damit zu viert auf der Autobahn nach Singen. Wir wollten dort in eine bestimmte Disko gehen. Mit 160 km/h rasten wir in eine Nebelwand. Ede sah plötzlich nichts mehr. Wie von Engelshand gesteuert konnte er blind die Spur halten und schnell abbremsen. Schwer geschockt verließen wir bei der nächsten Ausfahrt die Autobahn und fuhren schweigend nach Hause. Uns war sonnenklar, das hätte für uns vier das Ende sein können ...

4
Die Lebenswende

Vor allem in den Krisen meines Lebens dachte ich immer wieder mal an Jesus Christus. Das gründet auch auf einer psychologischen Gesetzmäßigkeit. Ein Mensch erinnert sich in Krisenzeiten immer an das, was sich in der Kindheit als besonders tragfähig erwiesen hat. Darum ist es so wichtig, dass wir den Kindern von Jesus Christus erzählen, für sie beten und sie mit der Bibel vertraut machen. An dieser Stelle danke ich ganz besonders meiner lieben Mutter, dass sie das in großer Treue getan hat. Danken möchte ich aber auch den Mitarbeitern im Kindergottesdienst, Herrn Hummel und Herrn Brandau, meiner Grundschullehrerin Frau Jauch, die uns im Religionsunterricht die biblischen Geschichten sehr spannend erzählte, den Jungscharleitern Uli und Jürgen, meinem großen Bruder und unserem damaligen Pastor der Evangelisch-methodistischen Kirche, Herrn Niethammer. Er vermittelte uns einen auf Jesus Christus ausgerichteten Konfirmanden-Unterricht.

Ich las auch viele gute christliche Kinderbücher und Kleinschriften. Immer wieder ging es darum, sein Leben Jesus Christus anzuvertrauen. Ich wollte das. Einmal tat ich es während einer Kinderwoche. Der «Geschichten-Erzähler» bat die Kinder, nach vorne zu kommen, wo es Coca-Cola gab. Alle kamen, logisch! Aber ich kam nicht nur wegen der Cola! Ich wollte mein Leben wirklich Jesus Christus anvertrauen.

Heute bin ich selbst ein «Geschichten-Erzähler» und lade Kinder ein, mit Jesus Christus zu leben, aber ohne Coca-Cola! Trotzdem kommen immer viele. Kinderherzen sind offen für Jesus Christus, und das ist gut so. Wir bleiben aber nicht immer

Kinder. Die Pubertät, die Jugend und vor allem das Erwachsensein und der Ehepartner verändern uns. Was wird dann aus unserem Glauben? Bleibt Jesus jetzt auf der Strecke?

Bei mir war das leider so. Darum wurde ich ein Verkehrsrowdy. Aber Jesus Christus hat mich nicht vergessen. Da sitze ich als junger Mann in Villingen-Schwenningen während der Faschingszeit im Bierzelt. Vorne spielt die Kapelle das Lied: «Wir kommen alle, alle in den Himmel, weil wir so brav sind.» Ich singe und schunkle kräftig mit meinen Freunden. Plötzlich fällt mir mein Konfirmationsspruch ein: «Jesus Christus spricht: Ich bin der Weg, die Wahrheit und das Leben. Niemand kommt zum Vater denn durch mich.» Da wusste ich, obwohl ich bereits zwei Maß (also zwei Liter) Bier getrunken hatte, dass wir nicht alle, alle in den Himmel kommen, weil wir so brav sind. Das ist nicht der Weg. Das Lied stimmt nicht. Und außerdem war ich ja auch gar nicht so besonders brav. Mir war klar, dass ich nicht in den Himmel käme, wenn ich ohne Jesus sterben würde.

Ein Klassenkamerad, mit dem ich oft viel Blödsinn gemacht hatte, starb bereits mit vierzehn Jahren. Ein Jugendlicher aus meiner Nachbarschaft verunglückte tödlich im Urlaub in Spanien. Ein anderer junger Mann, auch aus meiner Nachbarschaft, verunglückte mit dem Motorrad tödlich. Die Schulkameradin meiner Schwester sah wirklich klasse aus. Sie wohnte in unserem Wohngebiet. Wir Jungs waren alle in sie verknallt. Eines Nachts starb sie auf dem Heimweg von der Disko. Sie war nicht angeschnallt und flog in der Kurve aus dem Mercedes ihres Freundes. Auf den Beerdigungen dieser jungen Leute fragte ich mich jedes Mal: «Was wäre mit mir, wenn es mich getroffen hätte?»

In unserem Wohnzimmer, links hinter der Türe unter dem Eckregal, auf dem das Radio stand, hing die damalige Jahreslosung nach Römer 2,4: «Lieber Mensch, weißt du nicht, daß dich Gottes Güte zur Umkehr leitet?» Immer wenn ich diese Worte las, sprachen sie mich an. Sie erinnerten mich an Gottes Güte und an meine Versprechen. Gott hatte mich vor schweren Krankheiten und Unfällen bewahrt. Dass ich noch lebe, verdanke ich nur seiner Güte. Sie möchte mich zur Umkehr leiten. Das leuchtete mir ein.

«Aber was ist, wenn es Gottes Güte nicht schafft?» fragte ich mich. Dann muss es seine Strenge bewirken. Und dabei dachte ich an das Wort von Jesus in Markus 9,45: «Lieber mit einem Bein in den Himmel als mit zwei Beinen in die Hölle.» So weit wollte ich es auf keinen Fall kommen lassen.

Drei Monate vor der Fahrprobe wegen meiner siebzehn Strafpunkte erlebte ich die entscheidende Wende vom Verkehrsrowdy-Dasein zu einem Leben mit Jesus Christus. Ich war im dritten Lehrjahr meiner Ausbildung zum Elektromechaniker. Die evangelische Gemeinschaft der Liebenzeller Mission und der Jugendbund für entschiedenes Christentum (EC) veranstalteten im Oktober 1975 in Villingen-Schwenningen einige Abende unter dem Thema «Informationen über Gott».

Der Handzettel hing in unserer Küche. «Heute ist der erste Abend, wer geht mit?», so warb uns meine Mutter. Aber sie erntete damit wenig Begeisterung. Solche Veranstaltungen kannten wir. So genannte «Evangelisationen» – nein danke, da wollte ich nicht hin. Da wurde man zur Entscheidung für Jesus aufgerufen, und jedes Mal kam ich in Bedrängnis. Einmal saß ich als Junge neben meiner Mutter. Sie sagte: «Nun geh doch nach vorne, und vertraue dein Leben Jesus an.»

Ich antwortete: «Geh *du* doch, ich bleibe hier sitzen.»

Jetzt war es wieder so weit. Aber wir waren um Ausreden

nicht verlegen. «Fängt das heute schon an? Ich kann nicht», antwortete meine ältere Schwester.

«Für mich kommt das jetzt auch überraschend, ich hatte eigentlich etwas anderes vor», bemerkte ich.

«Aber der Zettel hängt doch schon eine ganze Woche hier. Ihr hättet euch darauf einstellen können», so die enttäuschte Reaktion meiner Mutter. «Dann geh ich eben alleine», fügte sie an und hatte dabei Tränen in ihren Augen. Ich war tief bewegt. Sie tat mir so Leid. Kurz entschlossen raffte ich mich auf und ging nur ihretwegen mit.

Im ganzen Stadtgebiet wurden die Leute von einem Bus zu den Veranstaltungen abgeholt. Alle waren bereits eingestiegen und der Bus schon angefahren. Da kam ich noch dahergerannt. Der Busfahrer hielt an und nahm mich mit. «Ich kann heute doch. Ich gehe erst nachher zu meinen Freunden.» Da strahlte meine Mutter.

Die Veranstaltung wurde von einigen jungen Männern aus dem Theologischen Seminar in Bad Liebenzell gestaltet. Sie sangen fröhliche Lieder. Die Ansprache hielt der Evangelist Gerhard Horeld. Er predigte sehr anschaulich und leidenschaftlich. Zu meiner freudigen Überraschung kam am Schluss keine Aufforderung zur Entscheidung für Jesus Christus. Gerhard Horeld sagte nur: «Wenn es Ihnen gefallen hat, dann kommen Sie doch morgen Abend wieder!»

Es hatte mir gut gefallen. «Ich gehe heute wieder mit», so überraschte ich meine Mutter am nächsten Tag. Und es war wieder gut. Die jungen Männer sangen und berichteten aus ihrem Leben mit Jesus Christus, der Evangelist predigte mitreißend und lud am Schluss zum nächsten Abend ein.

Dann kam der Mittwoch, der 22. Oktober 1975. «Manfred, gehst du heute Abend wieder mit?» fragte mich meine Mutter.

«Ich denke, jetzt sind meine Geschwister mal dran. Ich war zweimal dabei, das reicht.»

«Ja, ich habe mich darüber wirklich sehr gefreut. Aber vielleicht könntest du heute Abend deine Freundin Sabine mitnehmen?» Das war eine gute Idee.

Sabine wohnte in der Nachbarschaft. Wir waren fast ein Jahr lang befreundet. Ihre Eltern waren geschieden. Sie lebte bei ihrem Vater, der eine andere Lebensgefährtin hatte. Sabine war oft traurig und einsam. «Da hört sie mal was Gutes», sagte meine Mutter. Meine Freunde hätte ich zu einer frommen Veranstaltung nie eingeladen, da schämte ich mich, aber bei Sabine war das anders. Also lud ich sie ein.

«Das geht nicht, wir schreiben morgen eine Mathe-Arbeit. Ich muss noch lernen», sagte sie.

«Wenn du mitkommst, lernen wir danach gemeinsam», versprach ich ihr. Das war ein Angebot. Sie kam mit.

Evangelist Horeld erzählte in seiner Ansprache vom Jugendpfarrer Wilhelm Busch. Der wurde im Dritten Reich des Öfteren von der Gestapo vorgeladen. Dabei bezeugte er mutig Jesus Christus: «Erzählen Sie mir nichts», sagte ein Polizist, «ich weiß alles über Jesus. Seit Jahren stehe ich wie vor einer Linie. Ich müsste schon lange den Schritt über die Linie wagen und mich für Jesus Christus entscheiden, aber meine Stellung erlaubt es mir nicht.»

«Und wie ist das bei Ihnen», fragte Gerhard Horeld, «wer oder was hält Sie ab von dem entscheidenden Schritt zu Jesus Christus? Ist es die Stellung bei Ihren Freunden? Wer an dieser Linie steht, dem fehlt nur ein Schritt. Aber ohne diesen Schritt fehlt ihm alles.»

Das traf mich mitten ins Herz. Ich stand an der Linie. Von Kindesbeinen an wusste ich von Jesus. Mir fehlte lediglich der entscheidende Schritt über die Linie. «Wenn Sie vor dieser Linie stehen, dann bitte ich Sie, heute Abend den Glaubensschritt über diese Linie zu tun. Entscheiden Sie sich für Jesus. Bekennen Sie sich zu ihm, und heben Sie Ihre Hand, wenn wir jetzt beten. Gehen Sie nicht unentschieden nach Hause. Wagen Sie diesen entscheidenden Schritt», sagte der Evangelist.

Mir war sonnenklar: Das war meine Stunde, eine Sternstunde. Jetzt konnte ich das Versprechen einlösen, das ich Jesus dreimal gegeben hatte. Aber die Entscheidung fiel mir sehr schwer. Sabine saß neben mir. Zwei Mächte kämpften um mich. Gegensätzliche Gedanken schossen mir durch den Kopf: «Wie geht es danach weiter? Was denken meine Freunde von mir? Was habe ich dann noch vom Leben? Alles, was mir bisher Spaß machte, darf ich dann ja nicht mehr tun. Und was wird aus der Freundschaft mit Sabine? Am Freitag hat sie doch einen Termin beim Frauenarzt. Sie wollte sich auf meinen Wunsch hin die Pille verschreiben lassen. Wäre ich doch heute Abend lieber zu Hause geblieben!»

«Lassen Sie sich jetzt durch nichts abhalten. Jesus Christus ruft Sie. Vertrauen Sie ihm Ihr Leben an, und heben Sie zum Zeichen dafür die Hand», so die Mut machende Stimme des Evangelisten. Plötzlich kam mir ein Bibelvers in den Sinn: «Jesus Christus spricht: Wer nun mich bekennt vor den Menschen, den will ich auch bekennen vor meinem himmlischen Vater. Wer mich aber verleugnet vor den Menschen, den will ich auch verleugnen vor meinem himmlischen Vater.»

Da wusste ich: «Jetzt oder nie! Heute Abend geht es um alles oder nichts. Bei der öffentlichen Entscheidung für Jesus Christus geht es um Himmel oder Hölle. Die Ewigkeit steht auf dem Spiel.»

Ich zitterte am ganzen Körper. Meine Hand war schwer wie Blei, aber ich hob sie dennoch. Der Kampf war gewonnen. Ich hatte mich öffentlich für Jesus Christus entschieden.

Nach der Veranstaltung sprach ich noch mit einem Mitarbeiter. So hatte es der Evangelist geraten. Der Mitarbeiter beglückwünschte mich zu der Entscheidung für Jesus und betete mit mir. Danach empfahl er mir, die Entscheidung jemandem mitzuteilen, der sich darüber freuen würde. Da brauchte ich nicht lange zu überlegen. Das war natürlich meine Mutter.

Draußen wartete Sabine auf mich. Sie war zum ersten Mal in solch einer Veranstaltung gewesen. Es gefiel ihr eigentlich ganz gut. Aber sie war noch weit weg von der so genannten «Linie».

«Nun wirst du wohl nicht mehr mit mir Mathe lernen?» fragte sie mich.

«Warum nicht? Ich habe es dir doch versprochen», beruhigte ich sie.

Ein freundlicher junger Mann aus dem Jugendbund fuhr uns nach Hause, und wir lernten tatsächlich noch Mathe miteinander.

5
Der neue Rahmen

Jesus Christus heilte mich von innen nach außen. Er heilte zuerst meinen geistlichen Schaden, den Rahmenschaden also. Mit der Entscheidung für ihn schenkte er mir den Heiligen Geist. Das ist der neue Rahmen für mein Leben.

Damit war mein Leben wieder «verkehrstüchtig» und von Gott sogar zum ewigen Leben zugelassen. Der «TÜV Gottes» prüft nur den Rahmen.

Einer der beiden Verbrecher, die mit Jesus Christus zusammen gekreuzigt wurden, vertraute ihm noch im Angesicht des nahen Todes sein Leben an. Darauf versicherte ihm Jesus: «Noch heute wirst du mit mir im Paradies sein» (Lukas 23,43). Der Leib und die Seele – im Bild gesprochen: das Blech und der Motor des Verbrechers – waren schwer geschädigt. Aber der Rahmen wurde durch die Entscheidung für Jesus Christus noch in der letzten Stunde des Lebens erneuert. Darum wurde er gerettet.

Mit dem neuen Rahmen konnte ich jetzt die Lebensspur halten. Der Heilige Geist führte mich in die richtige Richtung. Die Beziehungen zu meinen Eltern und Geschwistern wurden neu. Als ich meiner Mutter mitteilte, dass ich mich für Jesus Christus entschieden hatte, sagte sie: «Das habe ich bereits gestern gemerkt, beim Mittagessen. Du hast dich anders verhalten.» Ich hatte den Geschwistern beim Tisch den Vortritt gelassen. Früher war ich meist der Erste und verhielt mich ziemlich rücksichtslos.

Mein Vater bot mir überraschend sein Auto an. Als ich noch Verkehrsrowdy war, hätte er das niemals getan. Jetzt fasste er plötzlich wieder Vertrauen zu mir. Mit großer Leidenschaft besuchte ich die evangelistischen Veranstaltungen bis zum letzten Abend. Mein Herz brannte, wenn der Evangelist Horeld und die Bibelschüler auftraten. Der Gedanke war geboren: Ich wollte Prediger werden.

Immer mehr verlangte ich nach Gottes Wort, nach geistlicher Gemeinschaft und nach Gebet. Damals wusste ich noch nichts vom Heiligen Geist. Zum ersten Mal hörte ich von meiner Mutter etwas davon. Sie kam in mein Zimmer, während ich aufmerksam einer Predigt auf Kassette lauschte.

«Das ist ja interessant», bemerkte sie, «früher lief hier die lauteste Rockmusik, so dass dein Vater nicht schlafen konnte. Und jetzt verlangst du nach Gottes Wort. Das ist der Heilige Geist, der jetzt in dir wohnt.»

Am Freitagabend entschied sich dann auch meine damals sechzehn Jahre alte Schwester in der Veranstaltung für Jesus Christus, und außer ihr wagten noch etliche andere junge Menschen diesen Schritt. Der Jugendbund verdoppelte sich nach der Evangelisation, so dass der Platz im Jugendkeller nicht mehr ausreichte. Der Jugendbundleiter und die Jugendlichen, die schon lange dabei waren, freuten sich riesig über uns. Jede Woche am Mittwochabend trafen wir uns zum Bibelgespräch im Jugendbund, am Samstag zur Unterhaltung im Kellermeeting und sonntags zu gemeinsamen Spaziergängen, zu Ausflügen und zum Gottesdienst in der evangelischen Gemeinschaft der Liebenzeller Mission. Auch unter der Woche kamen wir ganz spontan privat zusammen. Ein junger Mann kümmerte sich besonders um mich.

Mein Leben war total verändert. Früher war ich jeden Abend – und vor allem an den Wochenenden – mit Freunden in den Kneipen unterwegs. Doch das war jetzt Vergangenheit. Obwohl meine alten Freunde von meiner spektakulären Lebenswende noch gar nichts wussten, meldeten sie sich drei Wochen lang nicht bei mir. Aber plötzlich stand Uwe vor der Tür. «Manne, wo bleibst du denn? Am Samstagabend geht es in meinem Partykeller rund, da saufen wir bis zum Abwinken. Du bist doch dabei?», so etwa lautete die Einladung.

Aber ich musste ihn enttäuschen. Jetzt hatte ich auch den Mut dazu. «Samstagabends gehe ich zum Kellermeeting des EC-Jugendbundes. Da bin ich seit einiger Zeit. Es gefällt mir sehr gut dort.»

«Kellermeeting, Jugendbund, was ist das denn?» Uwe war sichtlich verwundert.

«Nun, wir treffen uns jeden Samstagabend um acht in der Arndtstraße 15. Komm doch mal, dann wirst du schon sehen.»

Zwei bis drei Wochen später kam er mit einigen meiner alten Kumpels. Aber sie waren nicht begeistert. «Jetzt spinnt er total. Mal sehen, wie lange er dabei bleibt», so ungefähr sprachen sie über mich. Mein bester Freund gab mir höchstens noch drei Wochen. «Dann sitzt er wieder bei uns», wettete er. Inzwischen wurden daraus mehr als fünfundzwanzig Jahre...

Das Verhältnis zu Sabine veränderte sich ebenfalls entscheidend. Ihr war sofort klar, dass sie den Termin beim Frauenarzt absagen konnte. Und das war auch in ihrem Sinne. Einmal kam sie mit in den Jugendbund, fand aber den Anschluss nicht. Sie sagte zu mir: «Ich weiß genau, dass die Entscheidung für dich richtig war. Aber ich bin noch nicht so weit.»

Wir trafen uns nur noch gelegentlich, wobei ich ihr und ihrer Freundin christliche Schriften vorlas und mit Begeisterung von Jesus Christus erzählte. Aber die Begegnungen wurden immer seltener, bis sie schließlich ganz aufhörten.

Eines Tages dachte ich über die Zeit mit Sabine nach. Im Großen und Ganzen hatten wir uns eigentlich sehr gut verstanden. Ihr Vater hatte einen Wohnwagen und ein Motorboot am Bodensee. Wir hatten dort manches Wochenende zusammen verbracht. Ob ich wohl doch wieder eine Freundschaft mit ihr beginnen sollte? Ich holte sie von der Arbeit ab und redete mit ihr darüber.

«Wie stellst du dir das vor?» fragte sie. «Du gehst immer in den Jugendbund, und ich gehe in die Disko. So können wir keine Freundschaft gestalten. Oder willst du die Entscheidung für Jesus vergessen?»

«Nein, nein. Aber ich könnte doch abwechseln, also mittwochs in den Jugendbund gehen und samstags mit dir in die Disko.»

«Das geht nicht gut, Manne. Du musst dich entscheiden, entweder für mich oder für Jesus!» Das war eindeutig. Und Sabine hatte Recht.

Ich bin ihr heute noch dankbar, dass sie das so klar sah und mir ein Ultimatum stellte. Ich wollte einen faulen Kompromiss mit ihr eingehen, aber Jesus stellte mich erneut vor die Entscheidung.

«Ich bleibe bei Jesus, Sabine. Die Entscheidung für ihn hat mich alles gekostet, die gebe ich niemals auf. Mach's gut.» Das waren meine letzten Worte zu ihr. Seitdem kamen wir uns nicht mehr näher.

Inzwischen übernahm ich auch Verantwortung im Jugendbund. Wir begannen mit einer Teestube. Dazu trafen wir uns jeden zweiten Samstagabend im Wechsel mit dem Kellermeeting. Zuerst beteten wir gemeinsam, dann gingen wir durch die Stadt und luden junge Menschen ein. In der Teestube sprachen wir mit ihnen über Jesus Christus. Im Nebenraum wurde den ganzen Abend anhaltend gebetet. Zum Schluss hielt ich manchmal noch eine kurze Andacht.

Mein Leben hatte seit dem Tag meiner Entscheidung für Jesus Christus dank dem Heiligen Geist einen ganz neuen Rahmen bekommen. Und in diesem göttlichen Rahmen heilte dann auch mein seelischer Schaden ...

6

Die Heilung meines Motorschadens

Gottes Wort wirkte auf meine Seele. Genauer gesagt: auf meinen Verstand, auf meinen Willen und meine Gefühle. Durch regelmäßiges Bibellesen lernte ich Gottes Wort immer besser in seinem Zusammenhang zu verstehen. Und darauf kommt es an. Wenn wir uns nur einzelne Bibelverse herauspicken, unterliegen wir vielen Fehlschlüssen und Fehlzündungen. Der Verstand muss mit dem Wort Gottes eingestellt werden, so wie vor einigen Jahren noch die Zündung beim Automotor mit der Zündlampe eingestellt wurde.

Als ich erkannte, dass Jesus für mein Leben immer nur das Beste will, wollte ich mich selbstverständlich auch nach seinem Wort richten. So prägte Gottes Wort mehr und mehr meinen Willen. Ich wollte so leben, dass Jesus große Freude an mir hat. Der Glaube an Jesus wirkte auch auf meine Gefühle. Ich fühlte mich in der Gemeinde Jesu viel wohler als früher in der Kneipe bei meinen alten Kumpeln. So was hätte ich mir vorher nie vorstellen können. Bevor ich mein Leben Jesus anvertraute, war ich ab und zu in dem Jugendbund gewesen, aber es war nicht meine Welt. Jetzt war es genau umgekehrt. Nun war ich eines Geistes mit den entschiedenen Christen und konnte von ganzem Herzen die frischen Lieder mitsingen. Wir lachten viel und herzlich. Wir erlebten unbeschreiblich fröhliche Freizeiten und herrliche Tage.

Durch die Hilfe vertrauter Menschen lernte ich auch immer besser, meine intimsten Gefühle zu steuern. Alleine wäre ich mit meiner Sexualität nicht zurechtgekommen. «Du brauchst einen gläubigen Menschen, mit dem du über deine intimsten Neigungen sprechen kannst», riet Pastor Johannes Hansen in seiner Ansprache den zehntausend Zuhörern beim ersten Christival 1976 in der Essener Grugahalle. Das passte genau auf mich. Daraufhin sprach ich mit einem vertrauten Menschen. So wurden meine Gefühle in der Seelsorge eingestellt, so wie vor einigen Jahren noch das Ventilspiel beim Automotor in der Werkstatt eingestellt wurde.

Das Ventilspiel ist eine heikle Sache. Es muss genau stimmen, sonst läuft der Motor heiß. Genauso heikel ist das mit unseren Gefühlen. Gut, dass es Menschen gibt, mit denen wir offen darüber reden können. Die Heilung meines «Motorschadens» schreitet täglich voran – manchmal auch in Form von Rückschlägen. Erst im Himmel wird die kranke Seele einmal ganz gesund.

So lange ich lebe, brauche ich die regelmäßige Inspektion. Gerade als Prediger brauche ich Menschen, mit denen ich ganz offen über meine Schwächen reden kann.

«Nobody is perfect», das gilt vor allem für Prediger!

Schwere Rückschläge im Glauben erlebte ich vor allem durch die beiden vermasselten Fahrproben:

Am 26. Januar 1976, drei Monate nach meiner Entscheidung für Jesus Christus, wurde ich wegen meiner siebzehn Strafpunkte zu einer schriftlichen Prüfung und einer Fahrprobe beim TÜV in Freiburg geladen. Es war mir peinlich, darüber meine Eltern oder jemanden aus dem Jugendbund zu informieren und um Fürbitte zu bitten. Ich dachte: «Auto fahren kann ich. Die Prüfung ist kein Problem.»

Da ich mit einem Fahrzeug antreten musste, aber zu dieser Zeit kein eigenes hatte, lieh ich mir von einem alten Kumpel einen abgemeldeten Opel Kadett. Ich besorgte mir rote Kennzeichen, die zur Überführung von Fahrzeugen und Probefahrten in Deutschland eingesetzt werden, und fuhr damit nach Freiburg.

Die schriftliche Prüfung bestand ich gerade so. Aber die Fahrprobe ging voll daneben. Der geliehene Wagen sah so heruntergekommen aus, dass der Prüfer sich erst gar nicht hineinsetzen wollte. Außerdem hatte das Fahrzeug einen Getriebeschaden, und die Bremse zog einseitig. Beim Schalten krachte es, und beim Bremsen musste ich gegenlenken. Der Prüfer wusste davon nichts und bemängelte darum meine technische Handhabung.

Die gröbsten Fehlverhalten bei jener Fahrprobe waren allerdings zwei Vorfahrtsverletzungen und eine Nichtbeachtung von mit Lichtzeichen geregelten Fußgängerüberwegen. Die Straßen waren schneebedeckt, ich hatte Sommerreifen und konnte nicht mehr rechtzeitig anhalten. Somit wurden die Anforderungen an die Fahrprobe bei weitem nicht erfüllt.

Die Wiederholungsprüfung machte ich einen Monat später. Das war meine letzte Chance. Diesmal informierte ich meine Eltern und einige Leute vom Jugendbund. Sie beteten für mich, und mein Vater lieh mir sein Auto. So weit, so gut. Aber die Sache ging wieder schief. Diesmal war ein anderer Spezialprüfer für mich zuständig.

Er sagte zu mir vor der Fahrprobe: «Sie brauchen eigentlich gar nicht zu fahren, das ist hoffnungslos. Wissen Sie, was Sie das erste Mal alles verkehrt gemacht haben?»

«Nein, ich habe keine Ahnung!»

Da zeigte er mir die Mängelliste und sagte: «Lesen Sie das durch. Danach machen wir die Fahrprobe.»

Mitten in Freiburg befahl er: «Links abbiegen!» Die Straße war breit und mit Straßenbahnschienen bestückt. Etwas verunsichert ordnete ich mich ein und bog links ab. Nach einer Weile kamen wir wieder an die gleiche Stelle. «Links abbiegen!» Ich wunderte mich und dachte sofort an die Vorbereitungen meines Fahrlehrers in Villingen-Schwenningen auf die Fahrprüfung: «Wenn euch der Prüfer zweimal an die gleiche Stelle schickt, dann habt ihr das erste Mal etwas falsch gemacht. Er gibt euch eine zweite Chance.»

Diesmal ordnete ich mich also ein wenig weiter nach links ein, die Straße war ja breit genug. «Anhalten! Wo stehen Sie?» rief der Spezialprüfer. «Kommt da noch eine Straßenbahn vorbei?»

Ich stand jetzt zu nahe an den Schienen. «Aber Entschuldigung, hier ist doch weit und breit keine Straßenbahn zu sehen», antwortete ich.

«Das spielt keine Rolle, Sie können zurückfahren. Sie haben die Prüfung nicht bestanden», war die kühle Antwort.

«Dann stand ich aber zuerst richtig», wandte ich ein.

«Jawohl, aber ich merkte, dass Sie unsicher waren. Darum wiederholte ich das Manöver.»

Nicht zu fassen, der Spezialprüfer machte es gerade umgekehrt wie ein Prüfer bei der normalen Fahrprüfung. Ich brach in Tränen aus und schluchzte: «Jetzt bin ich meinen Führerschein los, und alles war umsonst.»

«Tut mir Leid, aber da ist nichts mehr zu machen. Sie werden schriftlich benachrichtigt.»

Ich war am Ende. Das konnte ich nicht verstehen. Warum hatte Jesus mir nicht geholfen? Ich brauchte doch den Führerschein! Samstags fuhr ich für den Bäcker, bei dem mein Vater arbeitete, Brötchen aus. Damit konnte ich mir etwas Geld verdienen. Und außerdem brauchte ich ihn doch unbedingt für den Jugendbund.

Ich musste abwarten. «Und? Hast du bezüglich deines Führerscheins schon eine Nachricht bekommen?», so fragten sie mich im Jugendbund.

«Nein, es sind jetzt zwei Monate vergangen, und es ist noch nichts gekommen. Ich vermute, die Akte ist verloren gegangen. Jesus kann mir auf diese Weise doch noch helfen!» antwortete ich vertrauensvoll.

«Das glaube ich nicht, Manne», zweifelte Dieter, «da geht nichts verloren.»

«Bei Gott ist kein Ding unmöglich», entgegnete ich ...

Am 1. Mai 1976 feierte ich meinen zwanzigsten Geburtstag. Es war der erste Geburtstag seit meiner Entscheidung für Jesus Christus. Früher feierte ich die Geburtstage mit meinen Kumpels ziemlich feucht mit viel Alkohol. Nach Mitternacht zum ersten Mai beteiligten wir uns dann jeweils am traditionellen so genannten «Maienstecken». Wir hängten Gartentore aus, versteckten Mülltonnen und verübten noch viele andere üble Streiche. Einmal stiegen wir von einem Gerüst aus auf ein Hausdach und legten etwas auf den Kamin. Und am 1. Mai amüsierten wir uns dann immer am Ärger der Leute.

Aber in diesem Jahr war das ganz anders. Wir fuhren am 1. Mai nach Konstanz und trafen uns mit dem dortigen Jugendbund. Gemeinsam wanderten wir an diesem herrlichen, sonnigen Tag am Bodensee entlang. Am Nachmittag versammelten wir uns auf einem großen Platz. Hinter uns der Bodensee, vor uns viele Touristen von überall her. Dann sangen wir mit Gitarrenbegleitung lebhafte Lieder über Jesus. Viele Leute blieben stehen und hörten zu.

Spontan fragte mich unser Prediger: «Manfred, könntest du nach dem nächsten Lied den Leuten erzählen, wie du zum Glauben gekommen bist?» Ich war sofort bereit, hatte ich mir doch genau das am Morgen von Jesus zum Geburtstag gewünscht. Ich wollte ihn aus Dankbarkeit für mein Leben in der Öffentlichkeit bezeugen. Und jetzt war die Gelegenheit dafür gekommen:

«Ich komme aus Villingen-Schwenningen. Jesus Christus veränderte vor ein paar Monaten mein Leben total. Ich war ein Verkehrsrowdy. Er vergab mir alle meine Sünden ...», so ähnlich bezeugte ich gut hörbar mitten in Konstanz meinen Glauben.

«So etwas kann nur ein Schwenninger sagen!» spotteten einige Passanten, winkten ab und lachten mich aus. Unbeirrt predigte ich weiter. Danach sangen wir wieder ein Lied. Es war meine erste Straßenpredigt! Ich freute mich doppelt: Jetzt durfte ich sogar noch für Jesus Spott ertragen. Das war ein Tag! Ich fühlte mich wie Petrus und Johannes in der Apostelgeschichte. Am Tag darauf, am 2. Mai, kam der Bescheid vom Landratsamt:

«Der Führerschein von M. Heinzelmann wird eingezogen! Er ist gemäß §15 Abs. 3 StVZO unverzüglich, jedoch spätestens bis zum 4. Mai 1976 beim Landratsamt Schwarzwald-Baar-Kreis, Villingen-Schwenningen, abzugeben. Die aufschiebende Wirkung eines etwaigen Widerspruchs wird gemäß §80 Abs. 2 Ziffer 4 der Verwaltungsgerichtsordnung vom 21. Januar 1960 in der geltenden Fassung untersagt.»

Da hatte ich es schwarz auf weiß! Endgültig! Es war noch nicht einmal eine aufschiebende Wirkung durch Widerspruch möglich. Das war ein Hammer; der stärkste bisher. Damit hatte ich nun wirklich nicht gerechnet. Am Tag zuvor schwebte ich noch im siebten Himmel, und jetzt die knallharte Landung. Hatte Dieter also doch Recht: «Da geht nichts verloren!», so klang es noch in meinen Ohren. Und ich dachte, bei Gott sei nichts unmöglich. Ich traute ihm ganz offensichtlich zu viel zu. Und damit hatte ich mich gewaltig getäuscht. Entsprechend frustriert war ich dann auch. Meine erste Reaktion bestand in Trauer, Verzweiflung, Wut und Trotz. Weinend klagte ich:

«Jesus, das kannst du mit mir doch nicht machen. Ich habe dir mein Leben anvertraut, für dich meine Freundin gehen lassen, dir alles zugetraut und gestern noch in Konstanz vor vielen Leuten gepredigt, mich dafür verspotten lassen – und heute nimmst du mir den Führerschein. Ist das der Dank für alles? Nein, *so* geht das nicht, mit mir nicht. Das lasse ich mir nicht gefallen.»

Trotzig ging ich in die Kneipe zu einem alten Kumpel, der den Führerschein wegen Alkohol am Steuer verloren hatte. «Was ist los mit dir? Wie geht's?» fragte er mich.

«Schlecht, ich muss den Führerschein abgeben!» war meine knappe Antwort.

«Warum? ...»

So unterhielten wir uns den ganzen Abend. Von Jesus war ich enttäuscht, der konnte mir jetzt nicht mehr helfen.

Am 4. Mai ließ ich mich von einem Arbeitskollegen nach Villingen zum Landratsamt fahren. Mit meinem Führerschein und fünfzig Mark Bearbeitungsgebühr in der Tasche machte ich den schweren Gang. Unter Tränen klagte ich dem Beamten: «Hier ist mein Führerschein. Es wäre besser gewesen, wenn Sie den gleich eingezogen hätten. Die Prüfungen in Freiburg waren für mich nicht zu schaffen. Die Spezialprüfer waren gnadenlos und ungerecht. Der erste sprach kein Wort mit mir. Er informierte mich nicht einmal über meine Fehler. Und der zweite täuschte mich beim Linksabbiegen. Die Prüfungen und die Fahrten nach Freiburg kosteten mich als Lehrling ein Vermögen, dazu kommen jetzt noch die fünfzig Mark. Ich finde das nicht in Ordnung.»

Plötzlich kam ein bärtiger Mann mit einer Tabakspfeife in das Amtszimmer. «Was ist denn hier los. Warum weinen Sie?»

Der Beamte erklärte ihm den Sachverhalt, und dann schickte mich der Bärtige ins Nebenzimmer. Nach einer Weile wurde ich wieder hereingeholt. Der Bärtige verließ den Raum, und der andere sagte: «Wir haben noch einmal in den Büchern nachgesehen. Das Gesetz gibt uns keine Möglichkeit, Ihnen den Führerschein zu lassen, weil Sie die beiden Fahrproben nicht bestanden haben. Aber ich mache jetzt etwas gegen das Gesetz. Behalten Sie den Führerschein, und warten Sie auf den Termin für eine dritte Fahrprobe.»

Ich traute meinen Ohren nicht. «Ich mache jetzt etwas gegen das Gesetz!» So ein Satz aus dem Mund eines deutschen Beamten? Das gibt es doch nicht.

«Aber die Prüfung bestehe ich nicht. Ich falle wieder durch», klagte ich.

«Nehmen Sie vorher bei einem Fahrlehrer in Freiburg einige Fahrstunden, und lassen Sie sich diese zur Vorlage beim Spezialprüfer bescheinigen», riet mir der Beamte.

«Vielen Dank, aber das hätten Sie mir auch früher sagen können. Jetzt kostet mich das Ganze noch einmal viel Geld», so verabschiedete ich mich.

Ich war beschämt. Was für eine Erfahrung! Bei Gott ist doch kein Ding unmöglich. Hatte er also tatsächlich noch eine Möglichkeit in der Hinterhand gehabt, obwohl ich den Führerscheinentzug schon schriftlich vor mir liegen hatte. Unter

Tränen betete ich: «Herr Jesus, vergib mir, dass ich so trotzig war. Es tut mir Leid. Du bist ein wunderbarer Gott.»

Nun ahnte ich auch, dass die dritte Fahrprobe gelingen würde. Ich meldete mich in Freiburg bei einem Fahrlehrer an, erzählte ihm meine Geschichte und fuhr mit ihm zwei Stunden durch Freiburg. Aber er ließ mich nicht ans Lenkrad. Meine siebzehn Strafpunkte waren ihm zu viel. Er erklärte mir das Fahrverhalten an einigen schwierigen Kreuzungen und stellte mir eine Bescheinigung zur Vorlage beim Spezialprüfer aus.

Die dritte Fahrprobe nahm wieder der erste Prüfer ab. Er war wieder sehr wortkarg. Am Schluss fragte ich ihn, ob ich die Prüfung bestanden hätte. «Wenn man beide Augen zudrückt, ja.»

«Danke, Herr Jesus, du hast mir geholfen», betete ich und fuhr singend die achtzig Kilometer nach Hause.

Folgende Liedstrophe bewahrheitete sich damit: «Wenn über ungelösten Fragen mein Herz verzweiflungsvoll erbebt, an Gottes Liebe will verzagen, weil sich der Unverstand erhebt. Dann darf ich all mein müdes Hoffen in Gottes Hände legen sacht. Und leise sprechen unter Tränen, dass Gott nie einen Fehler macht.» Ich behielt den Führerschein, aber er hing an einem seidenen Faden. Nach dem damaligen Gesetz fehlte nur noch ein Punkt, und der Führerschein wäre trotzdem eingezogen worden.

Verständlicherweise hielt ich mich nun sklavisch an jede Verkehrsregel. Was ich tun konnte, wollte ich tun. Aber eines steht heute fest: Ohne die Hilfe von Jesus hätte ich es nicht geschafft. Denn kurz darauf fuhren wir im Konvoi mit mehreren Autos durch Stuttgart zur Hochzeitsfeier meines Bruders nach Fellbach. Ich führte den Konvoi an, weil ich mich in Stuttgart gut auskenne. In Stuttgart waren damals beinahe alle Ampel-Anlagen mit Kameras ausgestattet.

Ich beobachtete immer wieder im Rückspiegel den Konvoi. Plötzlich sehe ich nur noch das Auto meines Vaters. «Wo sind die anderen? Da war doch nicht etwa eine Ampel?» fragte ich verwundert meinen Beifahrer ...

Und ob! «Ihr seid bei Rot über die Ampel gefahren», mahnte mein Schwager später auf der Hochzeitsfeier. «Ja», bestätigte mein Vater, «ich habe das gesehen, aber ich wollte den Anschluss nicht verlieren.» Weil ich ständig in den Rückspiegel geschaut hatte, hatte ich die Ampel-Anlage total übersehen. «Wenn sie mit einer Überwachungskamera ausgestattet war, kostet mich das den Führerschein, und die ganze Prozedur mit den Prüfungen war für die Katz», klagte ich. Zum Feiern auf der Hochzeit hatte ich keine Lust mehr.

Zwei Wochen später bekam mein Vater Nachricht: einen Strafpunkt in Flensburg und hundert Mark Bußgeld. Er trug es mit Fassung. Es war sein erster Punkt. Für mich wäre es der letzte gewesen. Noch einmal Schwein gehabt? Nein! «Danke, Herr Jesus, das hast *du* gemacht!»

Nach fünf Jahren krampfhaftem vorschriftsmäßigem Fahren wurden schließlich alle Strafpunkte gelöscht. Als ich 1983 für mein Studium am Theologischen Seminar in der Nähe Basels den schweizerischen Führerschein beantragte, brauchte ich einen Auszug aus dem Verkehrszentralregister in Flensburg. Darin steht: «M. Heinzelmann hat keine Strafpunkte mehr. Wir können auch keine Auskunft über frühere Strafpunkte geben. Sie sind gelöscht und restlos vernichtet.»

Genauso ist es mit der Vergebung aller meiner Sünden durch Jesus Christus. Jene Akten der Schuld sind ebenfalls restlos vernichtet. Jesus Christus hat dafür die Bedingungen erfüllt. So steht es in der Bibel in Kolosser 2,14: «Gott hat den Schuldschein, der uns mit seinen Forderungen so schwer belastete, eingelöst und auf ewig vernichtet, indem er ihn ans Kreuz nagelte.» Nun können mir nicht länger irgendwelche «Strafpunkte» die Zukunft verbauen. Das Leben macht endlich Spaß. Ich habe «freie Fahrt».

7

Die Heilung meines Blechschadens

Rein äußerlich gesehen hatte ich mich nach meiner Lebenswende nicht groß verändert. Die Haare waren nach wie vor lang, und ich trug noch immer die alte Lederjacke aus meiner Rockerzeit. Als Jugendlicher gehörte ich mit meinem Moped zu einer gemäßigten Rockergruppe. Wir spritzten unsere Sturzhelme leuchtend gelb und beklebten sie in der Mitte mit schwarzen Zacken. Die Zacken sahen aus wie eine grobe Baumsäge. Das führte zu dem gut-schwäbischen Spottnamen «Sägges».

Im Jugendbund und in der evangelischen Gemeinschaft kritisierte niemand meine äußere Erscheinung. Alle freuten sich, dass ich dazugehörte. Sie machten mir auch keine Vorschriften über das, was ich als Christ nun zu tun und zu lassen hatte. Im Gegenteil! Der Jugendbundleiter bestellte sich in der Gaststätte auch ein Bier, nachdem ich meine Bestellung aufgegeben hatte.

Es war für mich damals sehr wichtig, dass niemand an meiner «verbeulten Karosse» herumbog, um eigenmächtig meinen Blechschaden zu reparieren. Davon müssen wir die Finger lassen. Das kann nur Jesus Christus. Er heilt von innen nach außen. Leider vergreifen sich hier viele Christen und schaden dadurch den Menschen. Der Glaube erschöpft sich dann in Vorschriften und Äußerlichkeiten wie zur Zeit Jesu bei den Schriftgelehrten und Pharisäern. Sie konzentrierten sich nur auf das «Blech» und glänzten mit ihrem Heiligenschein vor den Leuten. Aber unter der «Motorhaube» war bei ihnen nichts zu finden. Jesus warnt uns davor! Solche Christen treten auf der Stelle und erreichen das Ziel nicht.

Wer bei Jesus nur seinen «Blechschaden» loswerden will, ist bei ihm fehl am Platz. Es geht auch nicht darum, dass Jesus nur mal schnell alle unsere körperlichen Gebrechen und Krankheiten heilt. Er kann das zwar tun, aber er tut es meist nicht auf die schnelle Art. Es geht darum, dass wir auch lernen, mit unseren Schwächen zu leben.

Jesus half mir dabei. In der Bibel steht in Jesaja 53,4: «Er *trug* unsere Krankheit und lud auf sich unsere Schmerzen.» Am Kreuz *trug* Jesus auch meinen «Blechschaden» – darum ist er für mich *erträglich* geworden. Ich leide zwar immer noch unter Kopfschmerzen und werde noch manche Krankheiten und altersbedingte Gebrechen ertragen müssen. Aber Jesus lässt mich damit nicht allein. Er trägt mich durch. Im Himmel bekomme ich dann einmal eine neue «Karosse». In der Bibel steht in 1. Korinther 15,49: «Jetzt hat jeder von uns einen vergänglichen Leib, wie ihn Adam hatte. Aber einmal werden wir – wie Christus – einen unvergänglichen Leib haben.» Dann erst ist die Heilung meines Blechschadens vollendet. Aber bis dahin rostet das Blech unaufhaltsam vor sich hin.

Dank der Hilfe von Jesus konnte ich mich mit allen meinen körperlichen Schwächen und Grenzen immer besser annehmen. Ich lernte, ein ganzes Ja zu mir zu finden, weil Jesus auch ein ganzes Ja zu mir hat. Er ist mein Schöpfer und hat sich etwas dabei gedacht. Er liebt mich, so wie ich bin, mit meiner spitzen Nase, mit meinem lockigen Haar, mit meinen Kopfschmerzen ...

Ein Lied von Jürgen Werth und ein Kinderlied drücken das sehr treffend aus:

«Vergiss es nie: Dein Gesicht hat niemand sonst auf dieser Welt, und solche Augen hast alleine du. Vergiss es nie: Du bist reich, egal ob mit, ob ohne Geld; denn du kannst leben! Niemand lebt wie du. Du bist gewollt, kein Kind des Zufalls, keine Laune der Natur, ganz egal ob du dein Lebenslied in Moll singst oder Dur. Du bist ein Gedanke Gottes, ein genialer noch dazu. Du bist du, das ist der Clou, ja, der Clou. Ja, du bist du.»

«Wunderbar bist du gemacht mit deiner spitzen Nase. Freu dich, dass du riechen kannst, das war Gottes Idee. Ja, ein Volltreffer Gottes bist du. Du bist wertvoll, ja du.

Wunderbar bist du gemacht mit deinen lockigen Haaren. Freu dich, dass du dich kämmen kannst, das war Gottes Idee. Ja, ein Volltreffer Gottes bist du. Du bist wertvoll, ja du.»

Wunderbar bist du gemacht mit deinen ....

....

.... (Bitte individuell ergänzen!)

Übrigens, meiner Frau gefällt meine spitze Nase. Sie sagte: «Die passt doch genau zu dir.» Na also, was will ich mehr! Jesus weiß, was er tut. Er machte aus meinen Schwächen Stärken und aus meinen Grenzen Freiheiten. Ja, er machte sogar aus einem Verkehrsrowdy einen Prediger ...

8
Die Berufung zum Prediger

In missionarischen Gesprächen mit Menschen sagte man immer wieder zu mir: «Sie müssen Pfarrer werden!» Nun, dazu fehlte mir das Abitur, aber Prediger konnte ich immerhin werden.

Ein Arbeitskollege meines Vaters wohnte nahe der Schweizer Grenze in Steinen bei Lörrach. An den Wochenenden fuhr er immer nach Hause. Einmal nahm er mich mit. Am Sonntagmorgen spazierten wir durch den Wald über die grüne Grenze nach St. Chrischona zum Gottesdienst. St. Chrischona ist ein Berg oberhalb von Bettingen bei Basel, auf dem sich auch das gleichnamige evangelische Theologische Seminar befindet. Ich fühlte mich dort gleich sehr wohl. Die Atmosphäre in der alten Eben-Ezer-Halle, wo der Gottesdienst stattfand, und der große Chor der Studenten beeindruckten mich. «Falls ich jemals Prediger werde, dann studiere ich hier», sagte ich mir.

Kurz darauf lernte ich in unserem Jugendbund zwei junge Männer kennen, die in Bad Dürrheim ein Jahrespraktikum absolvierten und danach ins Theologische Seminar auf St. Chrischona gehen wollten. «Woher wisst ihr, dass das euer Weg ist?» fragte ich interessiert. Und dann erzählten sie mir, wie Gott ihnen ganz individuell und persönlich die Gewissheit darüber geschenkt hatte. Diese letzte Gewissheit fehlte mir allerdings noch. Also betete ich darum. Zur Information forderte ich die Bewerbungsunterlagen vom Theologischen Seminar St. Chrischona an, das damals aber noch Prediger- und Missionsseminar hieß.

Die entscheidenden Kriterien zur Aufnahme waren die «vier großen B»: Bekehrung, Berufung, Bewährung und Begabung.

Zu drei der vier B's konnte ich in meinem Lebenslauf ohne Schwierigkeiten etwas schreiben. Aber zu der Frage: «Wie lautet Ihre persönliche Berufung von Gott für den Dienst als Prediger?», wusste ich keine Antwort. Ich legte die Unterlagen zur Seite.

Einige Monate später fand ich nach Feierabend zu Hause auf meinem Platz ein interessantes Stellenangebot. Mein Vater hatte es aus der Zeitung geschnitten. Er wusste, dass ich nach meiner Lehre gerne bei der Firma gearbeitet hätte, sie aber damals niemanden eingestellt hatten. Und jetzt suchten sie für den Schaltschrankenbau einen qualifizierten Elektromechaniker mit mindestens dreijähriger Berufserfahrung und möglichst auch Kenntnissen in der spanabhebenden Bearbeitung.

Die Stelle war wie extra für mich zugeschnitten. Ich erfüllte alle Voraussetzungen. Ich arbeitete bereits im dritten Jahr in der Transformatorenverdrahtung und hatte durch meine Ausbildung in der Feintechnikerschule beste Kenntnisse in der spanabhebenden Bearbeitung. So wollte ich mich sofort bewerben. Ich rasierte mich noch schnell, zog mich um – und in diesem besonderen Moment fiel mein Blick auf die Bewerbungsunterlagen von St. Chrischona. Da lagen sie schon einige Monate und waren inzwischen in Vergessenheit geraten.

«Wenn Jesus will, dass ich Prediger werde, dann lohnt es sich nicht, jetzt noch die Arbeitsstelle zu wechseln», dachte ich. Ich kniete mich dann vor mein Bett und betete: «Herr Jesus, jetzt muss ich es wissen. Willst du, dass ich Prediger werde? Dann gib mir die letzte Gewissheit. Wenn nicht, dann bewerbe ich mich jetzt für die andere Arbeitsstelle.»

Ich griff nach der täglichen Bibellese für den Abend und schlug Römer 10,13–15 auf. Dort steht: «Denn wer den Namen des Herrn anrufen wird, soll gerettet werden. Wie sollen sie aber den anrufen, an den sie nicht glauben? Wie sollen sie aber an den glauben, von dem sie nichts gehört haben? Wie sollen sie aber hören ohne Prediger? Wie sollen sie aber predigen, wenn sie nicht gesandt werden? Wie denn geschrieben steht: Wie lieblich sind die Füße derer, die gute Botschaft verkündigen!»

Ich war überwältigt. Jesus hatte mich berufen. Da stand doch tatsächlich das Wort «Prediger». Und dann diese logische Folge. Ich hatte diese Bibelstelle noch nie gelesen. Jetzt konnte ich die Frage nach der Berufung beantworten und einfach dieses Bibelwort eintragen. «Danke, Herr Jesus!»

Im Losungsbuch stand zu diesem Tag noch das Gedicht: «Hast du erst deine Gaben dem Dienst des Herrn geweiht, so wirst du Augen haben, zu sehn, was er gebeut. Das tue still und gern; du darfst nicht zaudernd wählen, nicht rechnen und nicht zählen; er ruft, du folgst dem Herrn.»

Als ich dies alles unserem Prediger erzählte, sagte er: «Das ist ja ein interessantes Wort. Mir ist diese Bibelstelle im Römerbrief noch nie so aufgefallen. Jesus hat dich berufen. Du kannst dich auf St. Chrischona bewerben.»

Am 24. März 1979 wurde ich zum Vorstellungsgespräch auf St. Chrischona beim damaligen Direktor Edgar Schmid eingeladen. Die Losungsworte für den Tag waren 1. Könige 2,2–3 («Sei getrost und diene dem Herrn, deinem Gott») und Matthäus 4,18–19 («Als Jesus am Galiläischen Meer entlangging, sah er zwei Brüder, Simon und Andreas, die warfen ihre Netze ins Meer. Und er sprach zu ihnen: Folget mir nach; ich will euch zu Menschenfischern machen!»). Das war natürlich äußerst Mut machend!

9

Am Theologischen Seminar auf St. Chrischona

Im August 1979 marschierte ich am Nachmittag vor dem Studienbeginn auf St. Chrischona durch den dortigen Wald und dachte über mein Leben nach: «Für einen wichtigen Staatsdienst in Deutschland hätte ich wahrscheinlich keine Chancen mehr. Mein polizeiliches Führungszeugnis würde ziemlich schlecht ausfallen. Aber zum Dienst für den höchsten Herrn im Himmel und auf Erden, ja, da wurde ich zugelassen!» Dieser Gedanke beschäftigte mich so stark, dass ich an jenem Abend nicht zum Nachtessen gehen konnte. Ich war so gerührt, dass ich laut weinen musste.

Kurz darauf schrieb ich Herrn Glatthaar, einem Polizisten, einen Beichtbrief. Ich berichtete ihm von meiner Lebenswende durch Jesus Christus und entschuldigte mich bei ihm. Ich hatte ihn einmal als Verkehrsrowdy eiskalt belogen und betrogen. Er bemängelte damals an meinem geparkten VW-Käfer die Spikes in den Winterreifen. Ich sollte das Auto bei ihm auf der Wache vorführen. Als ich die Vorladung an der Windschutzscheibe sah, fuhr ich zuerst nach Hause und entfernte mit dem Schraubenzieher alle Spikes aus den Reifen. Danach stellte ich den Wagen Herrn Glatthaar vor.

«Sie haben die Spikes entfernt, da bin ich mir ganz sicher», entrüstete sich der Polizist.

«Spikes? Ich weiß nicht, wovon Sie reden», behauptete ich unschuldig.

Weil er mir nichts beweisen konnte, musste er mich ungestraft gehen lassen. Aber er sagte: «Heinzelmann, wenn

Sie so weitermachen, sehen wir uns bald wieder. Mit der Masche kommen Sie nicht weit. Lügen haben kurze Beine.»

Recht hatte er! Polizist Glatthaar war es nämlich, der damals zufällig vorbeifuhr, als ich mit dem «Formel-1-Käfer» den Bordstein gerammt und das Verkehrsschild umgefahren hatte.

Vor dem ersten Studientag ging ich in unser Klassenzimmer, um mir einen Platz zu reservieren. Ich wollte auf keinen Fall ganz hinten sitzen wie früher in der Schule. Ich hatte mir vorgenommen, auf St. Chrischona fleißig zu lernen. Nun musste ich aber feststellen, dass bereits alle vorderen Plätze besetzt waren. Meine Mitstudenten waren schneller gewesen. Was nun? Da, fast ganz hinten war links am Mittelgang noch ein Platz frei. Als ich mich hinsetzte und mein Namensschild auf den Tisch stellte, sah ich dort eingeritzt: «Jes 41,10».

Ich schlug die Stelle in der Bibel nach und las: «Fürchte dich nicht, ich bin mit dir, weiche nicht, denn ich bin dein Gott. Ich stärke dich, ich helfe dir auch, ich halte dich durch die rechte Hand meiner Gerechtigkeit.» Jetzt wusste ich, hier ist mein Platz. Gott hatte mir zum Studium seine Hilfe versprochen. Und die hatte ich auch sehr nötig, weil ich in der Schule nie gerne gelernt und vor allem in Englisch große Lücken gehabt hatte. Nun musste ich zu allem anderen noch die Ursprache des Neuen Testaments, Griechisch, lernen. Das konnte ich nur mit Gottes Hilfe schaffen.

Bereits in der ersten Griechisch-Stunde freute ich mich über das Alphabet. Die ersten Buchstaben waren mir vom Mathe-Unterricht her vertraut. Und Mathe war das einzige Fach, in dem ich in der Schule bis zuletzt den vollen Durchblick hatte. Mit einer Fünf in Englisch, aber einer Eins in Mathe hatte ich die Abschlussprüfung in der Realschule gemacht. Auf St. Chrischona machte mir nun Griechisch so viel Spaß wie damals Mathe. Ab dem sechsten Semester lernte ich sogar noch freiwillig Hebräisch, die Ursprache des Alten Testaments.

Zum ersten Examen im Fach Neues Testament mussten wir alle vier Evangelien inhaltlich kennen. Kurz vorher betete ich: «Herr Jesus, die Zeit ist zu knapp, um noch einmal alles zu wiederholen. Bitte zeige mir doch, worüber ich gefragt werde. Dann konzentriere ich mich auf diese Kapitel.» Kurz darauf schaute ich nach der Post. Da lag für mich eine Ansichtskarte aus Israel dabei. Ein Freund war dort und schrieb mir einen Gruß. Auf der Karte war die Kirche der sieben Seligpreisungen abgebildet. Da verstand ich: Es war die Antwort auf mein Gebet. Schnell vertiefte ich noch den Stoff der Seligpreisungen und wurde dann auch tatsächlich im Examen danach gefragt. Ich war überwältigt. Welch ein toller Gott ist Jesus Christus doch! Man kann mit ihm Pferde stehlen (natürlich nur bildlich gesprochen!).

Im ersten Deutsch-Examen sollte ich das Verb «hauen» konjugieren. Ich begann: «Hauen, haute, ge ...» – dann stockte ich. «Gehaut» hört sich nicht gut an, dachte ich, aber wie heißt es dann? «Geschlagen!» ergänzte ich lautstark. Schallendes Gelächter! Es hätte «gehauen» heißen müssen, aber darauf kam ich als Schwabe leider nicht. Ich bestand das Examen trotzdem.

Eine ziemliche Krise erlebte ich in der Mitte des Studiums. Ich besuchte in den Ferien die elektrotechnische Fabrik, in der ich zuletzt gearbeitet hatte. Meine Kollegen freuten sich sehr, mich zu sehen, und der Meister sagte: «Sie können gleich wieder bei uns anfangen, wenn Sie wollen. Ihre Stelle ist immer noch frei.» Ich schmunzelte nur darüber. Aber in der Nacht träumte ich davon. Ich sah mich wieder an meinem alten Arbeitsplatz und erlebte, wie alle Kollegen durch mich zum Glauben an Jesus Christus kamen. Nachdenklich erwachte ich von diesem merkwürdigen Traum und erwog ernsthaft, das Theologiestudium zu unterbrechen, um wieder in meinem Beruf in der Firma zu arbeiten.

Jörg Schori, mein Studienkollege, wollte das Studium auch unterbrechen, um zu heiraten. Ich hätte mich also mit ihm solidarisieren können. Allerdings wünschte ich mir viel lieber, auf St. Chrischona zu bleiben. Ich war erfolgreich und fühlte mich sehr wohl. Aber weil ich unbedingt Jesus gehorchen wollte, war ich auch bereit, schweren Herzens alles aufzugeben.

Einige Tage beschäftigte ich mich mit diesen Gedanken. Ich erzählte meiner Mutter davon und bat sie um Fürbitte. Schließlich sprach ich mit meinem Klassenlehrer, Martin Liedholz. Er sagte: «Bruder Heinzelmann, das geht nicht. Wenn Sie das Studium unterbrechen, dann können Sie es nicht mehr fortsetzen. Die Ausnahmeregelung gilt nur, wenn Sie heiraten wollen. Gott hat Sie zum Prediger berufen, und ich rate Ihnen, bleiben Sie hier.»

Ich freute mich zwar sehr über diese Worte, weil ich ja viel lieber auf St. Chrischona bleiben wollte, aber ich war immer noch unsicher. «Wenn Jesus will, dass ich aufhöre, dann muss ich ihm gehorchen, auch wenn alles dagegen spricht», dachte ich. Es folgten einige schwere Wochen. Der Gedanke, dass ich nicht mehr lange im Theologischen Seminar sein würde, verfolgte mich so lange, bis ich die Notiz in meinem Terminkalender las: «Neuer Bescheid für das Kreiswehrersatzamt.»

Jetzt fiel es mir wie Schuppen von den Augen, und alles war klar. Ich war fürs Studium vom Zivildienst zurückgestellt worden. Darum musste ich halbjährlich eine Bescheinigung zum Kreiswehrersatzamt schicken. Würde ich das Studium unterbrechen, dann könnte ich gar nicht bei der Firma arbeiten. Ich müsste Zivildienst leisten. Endlich hatte ich wieder die freudige Gewissheit! Ich durfte, ja, ich musste weiterstudieren. Der fromme Traum war eine raffinierte teuflische Verführung.

Während des Studiums hörten wir jede Woche einen Missionsvortrag von Missionaren aus dem Ausland. Und weil dort und vor allem in der Dritten Welt gerade sehr viele Missionare gebraucht wurden, war ich bereit, für Jesus Christus überall hinzugehen. Zu meinen Mitstudenten sagte ich: «Ich bleibe nur in Deutschland, wenn Jesus mir das ausdrücklich sagt!»

An einem Sonntagnachmittag las ich in der Bibel und stieß auf Hesekiel 3,5: «Ich sende dich nicht zu einem Volk, das unbekannte Worte und eine fremde Sprache hat, sondern zu deinem eigenen Volk.»

Das war eindeutig. Jesus sandte mich also nicht ins Ausland. Erst war ich ziemlich enttäuscht, hatte ich mich doch schon stark mit dem Gedanken der äußeren Mission beschäftigt und mich auch darauf gefreut. Und jetzt das. Aber eigentlich entsprach die Berufung durch Jesus auch meinem innersten Wunsch. Ich wollte das Wort Gottes in meiner Muttersprache verkündigen.

Als ich einen Gabentest machte, stellte sich auch heraus, dass ich die Gabe der äußeren Mission nicht habe. Mir fehlt die natürliche Freude, in einer fremden Kultur zu arbeiten und mich der Lebensart dieser Menschen anzupassen. Darum freue ich mich, dass ich Prediger in Deutschland sein darf. Jesus schenkte mir bis zum heutigen Tag die Begabung und die Kraft für meinen Beruf. Ein Gebet von Pfarrer Schmidt König begleitet mich während meiner gesamten Dienstzeit:

«Du hast mich, Herr, gerufen, in deinem Dienst zu stehn.
An deines Thrones Stufen lass mich anbetend flehn:
Hilf mir das Heil verkünden, das du der Welt geschenkt,
dass viele Seelen finden dich, der sie liebt und lenkt.
Lass mich die Liebe leben, mit der du stets mich liebst.
Und lass mich weitergeben die Freude, die du gibst.

Ob auch die Feinde toben und meine Kraft zerbricht,
du machst das Leid zum Loben, machst alle Nebel licht.
Hältst mich mit starken Händen, zu stehen auf der Wacht,
lässt mich den Dienst vollenden, den du mir zugedacht.»

10
Auf Brautschau

Während der ganzen Studienzeit auf St. Chrischona liebte ich ein Mädchen aus unserem Jugendkreis in Villingen-Schwenningen. Wir waren einige Zeit befreundet, aber die Freundschaft ging dann leider einige Monate vor meinem Studium auseinander. Zum Studienbeginn schickte sie mir aber dennoch ein Album mit einem wunderbaren Text (und einem Hinweis, als hätte sie gewusst, dass auf St. Chrischona jede halbe Stunde die Glocken der Chrischona-Kirche läuten):

Manne, wenn du Glocken läuten hörst, sollst du dich daran erinnern, dass sie dich einladen, zu beten und mit Gott, dem Herrn, alles zu besprechen! Und das beiliegende Buch bietet genügend Platz, Gebetsanliegen und Gebetserhörungen oder auch gute Gedanken und wichtige Worte oder Verse zum eigenen Gebrauch aufzubewahren, nämlich als Anstoß, immer wieder neu und von ganzem Herzen deinem Erlöser zu danken! Gott ist treu.

Auf den ersten Seiten schrieb sie ein treffendes Gedicht zu meiner Berufung. Es beinhaltet all das, was mit dem Amt eines Predigers zusammenhängt:

Heute, morgen und in Ewigkeit – Jesus Christus!

Ich bin es, der dich hat berufen! Das glaub und halte fest allzeit. / Und kommt der Teufel mit dem Zweifel, halt Römer zehn dann stets bereit. / Lies laut und deutlich vor die Verse von dreizehn an bis siebzehn. / Es ist mein Ruf! Er dient als Waffe. Und freudig sollst du weitergehn.

Doch wisse auch, du wirst mich fragen in diesen Jahren manches Mal: / «Warum? Warum? Ich blicke nicht darüber, und dunkel ist mein Herzenstal.» / «Wieso? Wozu?» so wirst du sagen, «ich kann das alles nicht verstehn.» / Es soll dich näher zu mir treiben, in meine Arme sollst du fliehn.

Wenn auch manch' Prüfung lange dauert, ich sorge stets für dich, mein Kind. / Ich weiß doch, wie's im Herzen aussieht, wie bange die Gedanken sind. / Und will dich Traurigkeit umfangen, weil du nicht hast in mir gesiegt: / Komm zu mir, Manfred, sag mir alles, in mir doch die Vergebung liegt.

Sagt auch ein Bruder manche Dinge, die du nun wirklich nicht verstehst: / Ich red' durch ihn. Lieb seine Nähe! Doch prüf mein Wort, bleib im Gebet. / In allem sollst du überwinden! So sagt mein Wort in Römer acht. / Darfst meine Liebe weiterschenken, der Sieg ist ja am Kreuz vollbracht.

Geh ruhig weiter Stund um Stund, und sei getrost, vertraue mir. / Ich werd es lenken, dass du staunest, mir danken wirst du dann dafür. / Auch Gaben hab ich dir gegeben. Gebrauche sie, setz fest sie ein: / Erzählen, predigen, reparieren, schreiben, um andere «dienstlich» zu erfreun.

Doch will dich oft in stillen Stunden die Einsamkeit hier auf dem Berg / erdrücken fast und lähmen, stürzen: Durch Tränen reift viel gutes Werk! / Dann komm auch da mit deinem Flehen. Sag alles mir, was dich jetzt drückt. / Ich will dir geben, was dir wohl tut, damit das Leben dir auch glückt.

Nun geh getrost mit meinem Engel, der dich begleitet Schritt für Schritt, dass nicht dein Fuß an einem Stein sich stoße. Doch nimm den Blick aufs Ziel stets mit. Ich will dich segnen und behüten, ich bin dir gnädig, ich erleuchte dich.

Als ich diese Zeilen las, war ich fest davon überzeugt, dass sie mich noch liebte und dass wir nach dem Studium in vier Jahren heiraten würden. Darum waren für mich die Studentinnen auf St. Chrischona kein Thema. Ich beschäftigte mich überhaupt nicht mit ihnen. Und wenn eine sich in mich verguckte, dann ließ mich das kalt. Ich liebte nur eine! Und wann immer ich in den Ferien nach Hause kam, traf ich sie im Jugendbund und hatte den Eindruck, dass sie mich genauso liebte und auf mich wartete.

Aber gegen Ende meines Studiums schrieb mir der neue Jugendbundleiter, dass er jetzt mit dem Mädchen befreundet sei. Ich war sehr enttäuscht, hatte ich doch immer dafür gebetet, gehofft und ganz fest geglaubt, dass wir nach dem Studium wieder zusammenfinden würden.

Bei Gott ist ja nichts unmöglich. Und tatsächlich, ihre Freundschaft mit dem Jugendbundleiter dauerte nicht lange. Als ich mein Studium beendet hatte, war sie wieder frei!

Jetzt hatte ich wieder Hoffnung. An einem schönen Tag wagte ich es und stellte ihr nach einem Spaziergang durchs Schwenninger Moor die entscheidende Frage. Aber dann kam ihre ernüchternde Antwort. Sie konnte es sich nicht vorstellen, mit mir verheiratet zu sein: «Ich wartete zwar nach deinem Studienbeginn schon noch einige Zeit auf dich. Aber irgendwann habe ich dann das Kapitel mit dir abgeschlossen.» Das waren ihre endgültigen Worte. Es tat ihr Leid, mir das so sagen zu müssen, und sie spürte natürlich meine herbe Enttäuschung. Wieder einmal verstand ich Gott und die Welt nicht mehr. Dass man sich im Glauben an Jesus so täuschen kann?!

Ich fragte mich: «Warum mutet Jesus mir das zu?» Sie wäre doch die ideale Predigersfrau für mich gewesen. Auf sie hatte ich vier lange Jahre gewartet. Ich wusste keine Antwort. Mein kühner Glaube kam ins Wanken. Wie sollte es weitergehen? «Wahrscheinlich werde ich ledig bleiben», dachte ich.

Meine erste Dienststelle war an der schönen Bergstraße in Bensheim-Auerbach. Dort wurde ich für die Kinder- und Jugendarbeit im Bezirk Zwingenberg angestellt. Als einsamer Junggeselle wuchs in mir zunehmend die Sehnsucht nach einer Frau. Eines meiner Lieblingslieder, «Der Herr mein Hirte führet mich, fürwahr nichts mangelt mir», dichtete ich um und sang nun: «Der Herr mein Hirte führet mich, nur *eines* mangelt mir!»

Im Frühjahr 1985 lernte ich auf einem Vorbereitungstreffen zu einer illegalen Begegnungsfreizeit mit christlichen Jugendlichen aus der DDR die bildhübsche achtzehnjährige Doris Heinzel kennen. Der Organisator meinte, sie sollte mit mir nach Schwerin fahren. Das sei am unauffälligsten. Ich war sofort begeistert und verliebte mich Hals über Kopf in sie. Auch ihr Nachname hatte es mir angetan. Er passte ja nun wirklich sehr gut zu Heinzelmann. Wenn das keine göttliche Fügung war, was dann?

Ich konnte den Tag der Fahrt nach Schwerin kaum abwarten. Inbrünstig betete ich, dass nichts dazwischen kommen möge. Fast bis zum letzten Tag warteten wir auf unsere Einreise-Visa. Dann endlich kamen sie. Jetzt konnte eigentlich nichts mehr schief gehen. Aus Sehnsucht nach ihr und zur besseren Vorbereitung besuchte ich sie noch kurz vorher bei ihr zu Hause und lernte dabei auch gleich noch ihre Eltern kennen. Dann kam der lang ersehnte Tag.

Frühmorgens holte ich Doris ab, und wir fuhren ganz allein nach Schwerin. Bereits nach wenigen Kilometern bot ich ihr das Steuer an, und sie staunte, dass ich ihr mein schönes Auto anvertraute. Als wir auf der Autobahn am Frankfurter Flughafen vorbeifuhren, sagte sie: «Ich möchte mich bei der Lufthansa als Stewardess bewerben.» Dafür hatte sie wirklich gute Chancen, aber ich hoffte natürlich, dass daraus nichts würde. Sie sollte ja meine Frau werden.

Während der langen Fahrt unterhielten wir uns etliche Stunden. Die Zeit verging wie im Flug. Plötzlich kamen wir in das Grenzgebiet. Jetzt wurde es ernst. Was werden sie uns fragen? Und werden wir dann so antworten können, wie wir uns das ausgedacht hatten? Wir wollten auf keinen Fall lügen, aber wir durften auch nicht die Christen in der DDR, mit denen wir uns trafen, in Schwierigkeiten bringen. Wir falteten noch zusammen die Hände, und Doris sagte danach: «So habe ich noch mit niemandem gebetet. Ich finde das ganz toll.»

Wir durften ohne große Schwierigkeiten einreisen. Und ich war glücklich, dass ich mich mit Doris auch geistlich so gut verstand. Sie war zwar elf Jahre jünger als ich, aber sie machte auf mich einen sehr reifen Eindruck.

In Schwerin spazierten wir zusammen durch die Stadt. Wir staunten über die lustigen Autos, die rostigen Mülltonnen, die holprigen Pflasterstraßen und die Gehwege. Es war ein Bild wie in einem Film aus den fünfziger Jahren. «Das gefällt mir alles sehr gut», schwärmte Doris. Ich sah das etwas anders, aber an ihrer Seite war es überall schön. Mein Herz brannte für sie.

Vor meiner Predigt in der evangelischen Gemeinschaft am Ziegenmarkt in Schwerin war ich ziemlich aufgeregt. Sie spürte das und sagte: «Komm, wir beten noch zusammen.» Das beeindruckte mich sehr. Die Gewissheit festigte sich: Doris ist die richtige Frau für mich. Ich hatte mir fest vorgenommen, mit ihr spätestens auf der Rückfahrt darüber zu reden.

Dann kam der Tag der Heimreise. Ein Teilnehmer aus Hessen fuhr mit der Bahn von Schwerin bis über die Grenze. Von dort aus sollte er bei uns zusteigen. Also musste ich Doris noch in der DDR und vor der Grenze fragen, denn danach würden wir nicht mehr allein sein. Viel Zeit blieb mir also nicht. Von Schwerin bis zur Grenze fuhr man damals eine gute halbe Stunde. Es war ein regnerischer Morgen. Und nachdem ich mich noch kurz mit Doris über die schönen Tage unterhalten hatte, stellte ich ihr die entscheidende Frage: «Kannst du dir vorstellen, dass wir miteinander in Verbindung bleiben?»

Sie sagte: «Nein, das kann ich mir nicht vorstellen. Meine Gedanken sind jetzt bei Olaf.» Olaf war der junge Mann vom Begegnungstreffen, bei dessen Eltern sie in Schwerin beherbergt war. Sie hatte sich in ihn verliebt. Das war eine eiskalte Dusche für mich. Ich konnte es nicht fassen.

Ich fühlte mich schrecklich mit diesem Korb. Das gibt's doch nicht, das kann doch nicht sein, wie kann man sich nur so täuschen? ...

Mir war jetzt alles egal. Wir näherten uns der Grenzkontrolle. «Wenn sie mich nicht mehr aus der DDR lassen, was soll's?» dachte ich. Aber die Zöllner waren sehr freundlich. Als ein junger Grenzpolizist in meinen Reisepapieren sah, was für einen Beruf ich ausübe, fragte er interessiert: «Sie sind Prediger. Was machen Sie da so?»

«Ich predige den Menschen, dass Gott sie liebt!» antwortete ich spontan. Daraufhin ging er weg und prüfte unsere Papiere.

Kurze Zeit später kam er wieder zurück, reichte mir die Pässe und wünschte uns eine gute Fahrt. Ich schaute ihm in die Augen und sagte: «Jesus Christus liebt Sie sehr!» Nachdenklich sah er mich an, und ich fuhr los. Ich staunte über mich selbst, wie ich in meiner miserablen Verfassung noch von Jesu Liebe sprechen konnte. Zum Glück stieg jetzt der junge Mann aus Hessen zu. Ich setzte mich mit meinem «großen Korb» auf den Rücksitz und ließ Doris fahren.

Im Vergleich zur Hinfahrt vor einer Woche war für mich die Rückfahrt das krasse Gegenteil. Ich grübelte über meine herbe Enttäuschung nach und versuchte, irgendwie damit fertig zu werden. Viele Fragen gingen mir durch den Kopf: «Ob ich überhaupt jemals heiraten werde? Vielleicht will Jesus, dass ich ledig bleibe?» Eines stand unumstößlich fest: Einen weiteren Korb wollte ich mir nicht mehr einhandeln.

Einige Wochen später, am 1. Mai 1985, feierte ich meinen 29. Geburtstag. Am späten Nachmittag spazierte ich nachdenklich und betend durch die Weinberge in Bensheim-Auerbach: «Lieber Herr Jesus, ich wünsche mir heute von dir zum Geburtstag, dass du mir irgendwie klar machst, ob ich jemals heiraten werde. Wenn du willst, dass ich ledig bleibe, dann werde ich mich damit abfinden. Aber ich muss es genau wissen!»

Danach kam ich aus dem Weinberg in die Stadt. «Wo bin ich denn jetzt gelandet?» fragte ich mich und musste mich erst einmal orientieren. Da sah ich vorne rechts ein Straßenschild. Darauf stand: «Hochzeitsweg». Das war ja ein Ding! Ich war also auf dem Hochzeitsweg. «Danke, Herr Jesus, für deine prompte Antwort», betete ich überwältigt. Was für ein Gott!

Und tatsächlich – drei Monate später lernte ich in Stuttgart meine zukünftige Frau kennen. Ich besuchte dort meine Schwester und wollte bei der Gelegenheit in ihrer neuen Wohnung eine Lampe anschließen. Sie arbeitete seit kurzem als Gemeinde-Diakonin in der Villa Seckendorf in Stuttgart Bad Cannstadt. Wir hatten gemeinsam auf St. Chrischona studiert.

Während des Abendbrots erkundigte ich mich bei ihr nach einer bestimmten Studentin, die damals in ihrer Klasse gewesen war. Als meine Schwester merkte, dass ich mich für die Frau interessierte, sagte sie: «Ach, die passt nicht zu dir.»

«Warum denn nicht?» fragte ich erstaunt.

Plötzlich klingelte es. Meine Schwester öffnete die Tür und stellte mir Monika vor. Sie war Hauswirtschaftsleiterin im Altenheim der Villa Seckendorf.

«So'n Mist, dass die gerade jetzt kommen musste», dachte ich. Nun konnten wir uns nämlich nicht mehr über die Studentin unterhalten. Bis heute habe ich nicht erfahren, warum meine Schwester meinte, dass sie nicht zu mir passt. Aber es interessiert mich auch nicht mehr. Ich lernte an jenem Abend nämlich die Frau kennen, die am besten zu mir passt.

Als Monika von ihren Erfahrungen mit der Schriftenmission erzählte, merkte ich auf: «Hier schlägt mein Herz!» Sie wollte mit meiner Schwester in Stuttgart gemeinsam die missionarische Zeitschrift des Brunnen Verlags Gießen verteilen. Der Name der Zeitschrift: «aufwärts».

«Ich betreue die *aufwärts*-Verteiler!», sagte ich.

Eine interessante Unterhaltung war entfacht. Es sollte nicht die letzte gewesen sein. Als Monika sich verabschiedete, sagte ich spontan: «Ich muss jetzt auch gehen. Ich habe bis Bensheim-Auerbach noch eine weite Fahrt vor mir. Wenn du willst, kann ich dich nach Hause fahren.» Sie war zu Fuß durch einen

Park gekommen, durch den sie am Abend nicht gerne allein zurückgehen wollte. Dankbar nahm sie das Angebot an, und ich hatte dabei ein sehr gutes Gefühl. Als wir uns verabschiedeten, ahnte ich, dass sich hier etwas anbahnte. Später sagte Monika mir, sie habe sich damals ebenfalls gewünscht, dass wir uns wiedersehen.

Am nächsten Tag schrieb ich ihr einen Brief. Weil ich keine genaue Adresse hatte, schickte ich ihn an meine Schwester. Sie konnte Monika den Brief dann weitergeben. Es war kein Liebesbrief. Ich berichtete ihr lediglich ein wenig aus meinem Leben. Weil Monika nicht gleich zurückschrieb, rief ich meine Schwester an und fragte, ob sie Monika den Brief überreicht hätte. «Selbstverständlich, noch am gleichen Tag», antwortete sie und fragte: «Hat sie denn nicht geantwortet?»

«Nein, noch nicht. Aber ich habe ja auch nichts gefragt», sagte ich.

«Auf was wartest du dann? Einen allgemeinen Informationsbrief würde ich auch nicht sofort beantworten», meinte sie trocken.

«Na gut, wenn das so ist», dachte ich, «dann muss ich eben konkreter werden.» Und noch am gleichen Abend schrieb ich einen zweiten Brief. Ich wollte Monika wiedersehen, und genau das schrieb ich ihr. Jetzt ließ ihre Antwort nicht lange auf sich warten. Wie vereinbart trafen wir uns an einem Sonntagmorgen und gingen zusammen in den Gottesdienst in der Ludwig-Hofacker-Kirche in Stuttgart. Danach spazierten wir durch einen Park nach Bad Cannstadt zu meiner Schwester zum Mittagessen. Am Nachmittag besuchten wir dann noch die Bibelstunde in der Villa Seckendorf. Danach fuhr ich wieder nach Hause.

Bald wurde mir klar: Gott wollte mir eine Frau schenken, deren Herz für ihn und für mich schlägt. Endlich! Daraufhin schrieb ich Monika und machte ihr einen Heiratsantrag. Gott sei Dank: Sie ließ mich nicht lange warten, und sie gab mir auch keinen Korb.

Noch im gleichen Jahr, am 30. Dezember 1985, verlobten wir uns. Danach absolvierte Monika von August 1986 bis Mai 1987 das so genannte «Bräutejahr» in der Bibelschule auf St. Chrischona. Eine Woche später, am 30. Mai 1987, heirateten wir an ihrem 25. Geburtstag. Heute sind wir eine glückliche Familie mit drei Mädchen und einem Jungen. Es hätte nicht besser kommen können!

Nachwort

George Washington wollte als junger Mensch Seemann werden. Das Schiff, auf dem er ausgebildet werden sollte, lag schon zur Abfahrt bereit. Washington wollte sich nur noch von seiner Mutter verabschieden. Aber sie wollte nicht, dass ihr Sohn zur See ging. Darum rannen ihr beim Abschied die Tränen über die Wangen. Washington fürchtete, dass sie nie wieder froh werden würde. Und obwohl sie kein Wort sagte, befahl er seinem Diener: «Geh, und hole mein Gepäck wieder vom Schiff. Ich werde nicht Seemann. Ich will meiner Mutter das Herz nicht schwer machen!» Später wurde er der erste Präsident von Amerika.

Machen Sie Gott das Herz nicht schwer, und entscheiden Sie sich für Jesus Christus! Und wenn Sie dabei Ihren eigenen Lebenswunsch aufgeben müssen, dann werden Sie mehr werden als bloß Präsident der Vereinigten Staaten von Amerika: Sie werden Gottes Kind und gewinnen das ewige Leben.

Folgendes Gebet kann Ihnen bei der Entscheidung für Jesus Christus helfen:

«Herr Jesus Christus, ich entscheide mich jetzt für dich!
Ich gebe meine eigenen Lebenswünsche auf.
Bitte vergib mir meine Schuld und verändere mich so,
wie du mich haben willst. Danke! Amen.

Zur persönlichen Erinnerung bitte ausfüllen:

Name: ....

Datum der Entscheidung für Jesus Christus: ....

Mit Fragen können Sie sich an den Autor des Buches wenden:

Manfred Heinzelmann, Fürst-Richard-Straße 16,
D-57319 Bad Berleburg, Deutschland.
Telefon und Fax: 0049/(0)2751/92'86'67
E-Mail: Manfred-Bernd.Heinzelmann@t-online.de